DEFT 2014: Defi Fouille de Textes (DEFT 2014: Text Mining Challenge)

TALN-RECITAL 2014 Workshop

Marseille, France
1 July 2014

ISBN: 978-1-63439-516-8

Printed from e-media with permission by:

Curran Associates, Inc.
57 Morehouse Lane
Red Hook, NY 12571

Some format issues inherent in the e-media version may also appear in this print version.

Printed by Curran Associates, Inc. (2014)

For permission requests, please contact the Association for Computational Linguistics at the address below.

Association for Computational Linguistics
209 N. Eighth Street
Stroudsburg, Pennsylvania 18360

Phone: 1-570-476-8006
Fax: 1-570-476-0860

acl@aclweb.org

Additional copies of this publication are available from:

Curran Associates, Inc.
57 Morehouse Lane
Red Hook, NY 12571 USA
Phone: 845-758-0400
Fax: 845-758-2634
Email: curran@proceedings.com
Web: www.proceedings.com

TABLE OF CONTENTS

Les 10 ans du défi fouille de texte DEFT

CYRIL GROUIN[1]

[1]LIMSI–CNRS, UPR 3251, Orsay, France
cyril.grouin@limsi.fr

1er juillet 2014

Créé en 2005, le défi fouille de texte [1] (DEFT) est une campagne d'évaluation annuelle francophone qui vise à confronter, sur un même jeu de données, les systèmes produits par plusieurs équipes issues de laboratoires de recherche publique ou privée. Les campagnes DEFT se veulent exploratoires et proposent aux participants de travailler sur des thématiques régulièrement renouvellées. L'édition 2014 du défi est la dixième de la série. Cet anniversaire constitue le prétexte pour un premier bilan de la décennie écoulée.

Parce que l'organisation de ces campagnes se fait sans financement, deux problématiques apparaissent chaque année : (*i*) l'obtention de corpus librement accessibles et distribuables, et (*ii*) la constitution des données de références sur chaque tâche de la manière la plus automatique possible. Le premier point est complexe à traiter car, sauf exceptions notables, [2] il n'est pas souhaitable d'enfermer une campagne d'évaluation dans le cadre d'un seul et même jeu de données réutilisé chaque année, au risque de ne plus évaluer que des systèmes capables de ne traiter qu'un seul type de corpus (typiquement des articles de presse). La raison du deuxième point est plus pragmatique dans la mesure où il n'est pas envisageable, faute de financement, d'organiser des campagnes d'annotation humaine de corpus (forcément longues et coûteuses) pour constituer le *gold standard*.

Si les premières éditions reposaient sur les mesures d'évaluation classiquement utilisées en recherche d'information, dans le cadre des dernières éditions, nous avons creusé la problématique de l'évaluation plus en détail, tant pour accorder du sens aux résultats calculés que pour illustrer les possibilités offertes en matière d'évaluation, sortant ainsi du tryptique habituel « Rappel, Précision, F-mesure ».

Cette évolution a émergé lors de l'édition 2011 consacrée à la prédiction de l'année de publication d'un article de presse sur une période de 144 ans. Plutôt que de considérer la tâche comme une tâche de classification de documents parmi cent quarante quatre classes, nous avons réalisé une évaluation reposant sur la similarité entre l'année de référence et l'année prédite en nous fondant sur une fonction gaussienne.

En matière de distance entre prédiction et référence, l'édition 2013 attendait des participants qu'ils classent des recettes de cusisine selon quatre niveaux de difficulté. De manière à pénaliser un écart élevé entre niveau de difficulté prédit et niveau de difficulté indiqué dans la

1. `http://deft.limsi.fr/`

2. Les exceptions concernent, soit le besoin de mesurer l'évolution des performances des systèmes sur des tâches complexes (traduction automatique), soit le besoin de disposer d'outils adaptés à un domaine spécifique (les documents cliniques dans le challenge i2b2, les données en biologie dans le challenge BioNLP, etc.).

référence (e.g., *très facile* vs. *très difficile*), nous avons eu recourt à l'exactitude en distance relative à la solution moyenne (EDRM).

Au-delà du choix des mesures se pose également la question de décider si l'évaluation doit être stricte (la prédiction doit correspondre parfaitement à la référence) ou lâche (on autorise une variation possible entre la prédiction et la référence). Sur l'édition 2012 consistant à produire une correspondance entre articles scientifiques et mots-clés indexant ces articles, nous avons introduit dans la mesure d'évaluation une étape de normalisation de la casse et de lemmatisation des mots-clés prédits. Ce choix revient à opérer une évaluation plus lâche, évitant de pénaliser inutilement un système qui aurait prédit un mot-clé du même champ sémantique que celui renseigné dans la référence.

Si une campagne d'évaluation est perçue, côté participant, comme le moyen de développer ou d'adapter des outils à de nouvelles données et de nouveaux enjeux, du côté des organisateurs, la campagne est le moyen de réfléchir aux mesures d'évaluation les plus pertinentes pour les tâches considérées. La question de l'évaluation et du sens accordé aux valeurs obtenues par les mesures retenues constitue à elel seule un thème de recherche porteur et complexe.

Analyse automatique de textes littéraires et scientifiques : présentation et résultats du défi fouille de texte DEFT2014

Thierry Hamon [1,2] Quentin Pleplé [3] Patrick Paroubek [1]
Pierre Zweigenbaum [1] Cyril Grouin [1]
(1) LIMSI-CNRS, Campus universitaire d'Orsay, Rue John von Neumann, Bât 508, 91405 Orsay
(2) Université Paris 13, Villetaneuse, France
(3) ShortEdition, 12 rue Ampère, 38000 Grenoble
prenom.nom@limsi.fr, quentin@short-edition.com

Résumé. Dans cet article, nous présentons l'édition 2014 du défi fouille de texte (DEFT) consacrée à l'analyse de textes littéraires (corpus Short Edition) et scientifiques (archives TALN) au travers de quatre tâches : catégoriser le genre littéraire d'une œuvre, évaluer la qualité littéraire, déterminer l'aspect consensuelle d'une œuvre auprès des relecteurs, et identifier la session d'appartenance d'un article scientifique dans une conférence. Afin d'évaluer les résultats des participants, nous avons utilisé le gain cumulé normalisé (NDCG, tâche 1), l'exactitude en distance relative à la solution moyenne (EDRM, tâche 2), la précision (tâche 3), et la correction (tâcheé4). Les résultats obtenus par les participants sont fortement contrastés et témoignent de la difficulté de chacune des tâches, bien qu'un système ait obtenu une performance maximale dans la tâche 4.

Abstract. In this paper, we present the 2014 DEFT text mining shared task, dedicated to the analysis of literature texts (corpus Short Edition) and scientific texts (TALN archives) through four tasks: identifying the literary type, evaluating writing quality, determining whether the quality of a work achieves consensus among the reviewers, and finally identifying the conference session of a scientific paper. In order to evaluate the results, we used normalized discounted cumulative gain (NDCG, task 1), accuracy of the relative distance to the mean solution (EDRM, task 2), precision (task 3), and correction (task 4). The results obtained by the participants are highly contrasted and reveal the difficulty of each task, although one system reached the maximal performance in task 4.

Mots-clés : Fouille d'opinion, classification automatique, évaluation.

Keywords: Opinion mining, automatic classification, evaluation.

1 Introduction

Dans cette édition du défi fouille de textes, nous proposons quatre tâches d'analyse concernant d'une part des textes littéraires (courte littérature), et d'autre part des articles scientifiques :

- Catégoriser le genre littéraire de courtes nouvelles parmi 30 catégories (poésie, nouvelles, policier, etc.) ;
- Évaluer la qualité littéraire de chacune de ces nouvelles en prédisant la note que donnerait un juge humain ;
- Déterminer, pour chacune des nouvelles, si elle est consensuelle auprès des différents relecteurs ;
- Pour chaque édition précédente de TALN, identifier dans la liste des sessions de chaque conférence celle de chaque articles scientifique présenté en communication orale.

Les participants sont autorisés à utiliser toutes les ressources complémentaires qu'ils souhaitent, à l'exclusion des ressources utilisées par les organisateurs pour servir de base à la constitution des corpus (par ex., les pages des sites Short Edition et Archives TALN) ainsi que tout autre source reproduisant tout ou partie de ces informations telle que sites des conférences ou annonces des programmes, à condition de les mentionner avec leur provenance, lors de la présentation de leurs résultats.

2 Corpus

2.1 Textes littéraires

Le corpus des textes littéraires provient du site Short Edition [1], éditeur en ligne de littérature courte.

Les œuvres publiées sont classées parmi quatre catégories principales (sur la gauche de la figure 1) et plusieurs sous-catégories (sur la droite de la figure 1). Certaines sous-catégories sont spécifiques à une catégorie principale (la catégorie des poèmes dispose de neuf sous-catégories qui lui sont propres), tandis que les autres sous-catégories sont applicables à n'importe quelle catégorie principale, y compris pour la catégorie des poèmes. Chaque œuvre peut appartenir à aucune ou plusieurs sous-catégories (au maximum cinq). Tous les poèmes labellisés ont exactement une des neuf sous-catégories qui leur sont spécifiques et aucune ou jusqu'à cinq sous-catégories non-spécifiques.

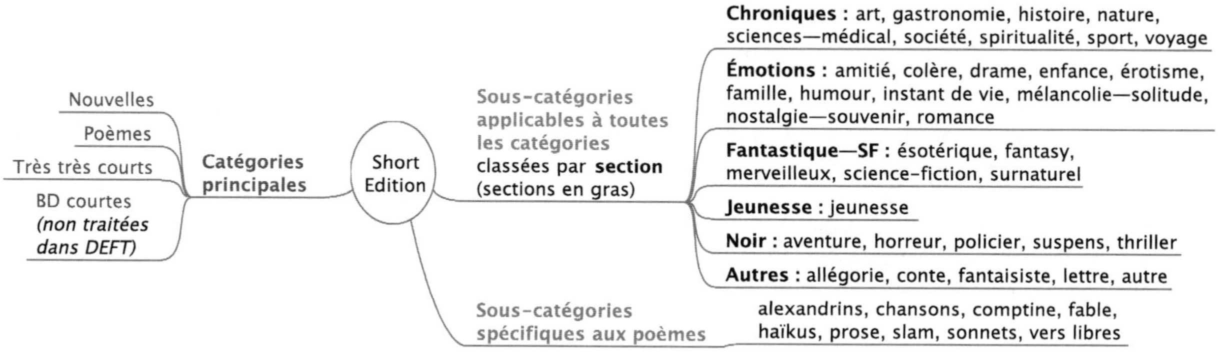

FIGURE 1 – Catégories principales et sous-catégories du système de classification des œuvres du site Short Edition

La classification des œuvres en sous-catégories est établie par quatre personnes chez Short Edition, ce qui confère une cohérence dans la classification opérée. Ces personnes maitrisent la logique des sous-catégories. Ce n'est donc pas l'auteur qui choisit les sous-catégories de l'œuvre qu'il soumet. Les sous-catégorie d'une œuvre sont ordonnées par ordre d'importance : la première est la sous-catégorie principale, etc.

2.2 Textes scientifiques

Le corpus des textes scientifiques est composé des articles parus dans les actes des conférences TALN, disponibles sur le site TALN Archives [2] (Boudin, 2013).

3 Présentation

3.1 Tâches proposées

3.1.1 Corpus de textes littéraires

Tâche 1 – Catégoriser le genre littéraire de courtes nouvelles La première tâche a pour but d'évaluer la capacité d'un système à classer un court texte littéraire selon le genre qui lui correspond. La liste des genres littéraires correspond aux sous-catégories définies par l'éditeur Short Edition. La mise en œuvre de cette classification revêt différents aspects : les aspects stylistiques (vers, mise en forme du texte, etc.), sémantiques (champs sémantiques utilisés, etc.) et syntaxiques.

Nous montrons dans le tableau 1 la répartition des annotations en catégories/sous-catégories sur les corpus d'entraînement et de test de la tâche 1.

1. `http://www.short-edition.com/`
2. `http://www.atala.fr/taln_archives/` ou `https://github.com/boudinfl/taln-archives`

Sous-catégorie / Section	Corpus	
	Entraînement	Test
instant de vie / émotions	586	237
vers libres / poésie	508	211
société / chronique	440	190
romance / émotions	357	150
drame / émotions	355	147
famille / émotions	290	126
mélancolie–solitude / émotions	279	104
nature / chronique	268	112
nostalgie–souvenirs / émotions	255	95
arts / chronique	200	85
humour / émotions	196	75
enfance / émotions	131	66
fantaisiste / autres	143	57
alexandrins / poésie	140	61
suspens / noir	96	42
histoire / chronique	91	31
amitié / émotions	80	33
voyage / chronique	64	26
conte / autres	59	23
surnaturel / fantastique–SF	54	33
érotisme / émotions	46	27
science-fiction / fantastique–SF	45	26
allégorie / autres	39	26
colère / émotions	39	25
sonnets / poésie	40	24
merveilleux / fantastique–SF	40	13
spiritualité / chronique	40	13
sport / chronique	40	10
sciences–médical / chronique	33	10
prose / poésie	32	15
jeunesse / jeunesse	29	11
chanson / poésie	26	9
aventure / noir	25	13
policier / noir	23	10
comptine / poésie	20	8
thriller / noir	17	1
gastronomie / chronique	14	10
horreur / noir	14	5
slam / poésie	14	3
fable / poésie	13	8
lettre / autres	9	5
autres / autres	6	3
fantasy / fantastique–SF	4	6
haïkus / poésie	3	3
ésotérique / fantastique–SF	3	1
Total	5182	2189

TABLE 1 – Répartition des annotations en catégories/sous-catégories sur les corpus d'entraînement et de test de la tâche 1. Les catégories sous les pointillés présentent des annotations avec un pourcentage inférieur à 1% du nombre total d'annotations dans le corpus

Tâche 2 – Évaluer la qualité littéraire La deuxième tâche propose d'évaluer la qualité littéraire de chacun de ces textes en prédisant la note attribuée par le comité de relecture à chacun des textes littéraires. La référence de cette tâche est constituée par l'ensemble des notes attribuées par le comité de relecture de l'éditeur Short Edition. Ces notes seront fournies avec le corpus d'entraînement (de 1 « excellent » à 5 « très mauvais »). Une sixième valeur, restée présente dans les corpus distribués, ne renvoie pas à l'évaluation de la qualité de l'œuvre, mais détermine le statut « hors ligne éditoriale » de l'œuvre. Les relectures associées à cette sixième valeur n'ont pas été prises en compte lors de l'évaluation, comme cela a été indiqué aux participants au début de la phase de tests.

Nous représentons sur la figure 2 la répartition des notes attribuées par les relecteurs dans chaque valeur possible, pour les corpus d'entraînement et de test de la tâche 2. On observe une répartition similaire des notes dans les deux corpus, avec une prévalence importante pour les notes 3 à 5 qui constituent l'essentiel des notes attribuées par les relecteurs. Inversement, la note 1 correspondant à une œuvre excellente est utilisée dans 1% du nombre total de relectures seulement. Enfin, les œuvre qualifiées de « hors ligne éditoriale » apparaissent dans 2,7 à 2,8% du nombre total de relectures.

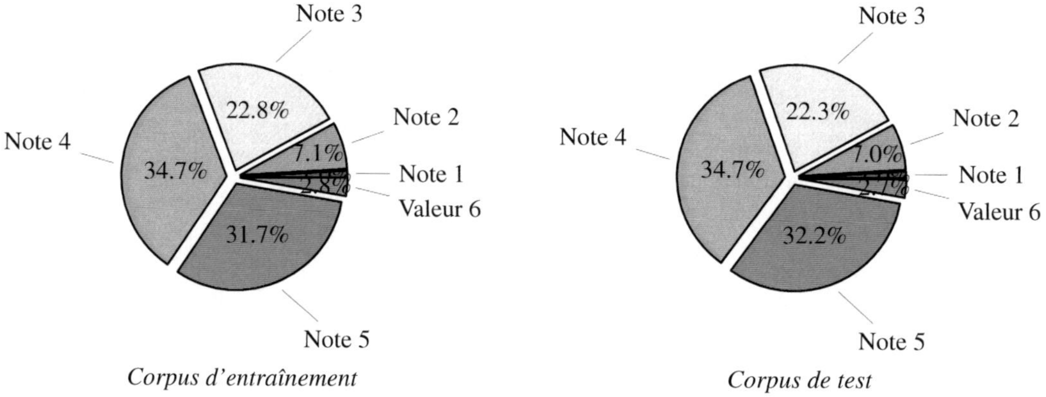

FIGURE 2 – Répartition des notes attribuées par les relecteurs dans les corpus de la tâche 2 (les notes 1 à 5 renvoient à la qualité littéraire, la valeur 6 désigne une œuvre hors ligne éditoriale)

Tâche 3 – Déterminer si une œuvre fait consensus La troisième tâche consiste à déterminer si la qualité d'un texte littéraire fait consensus auprès des différents membres du comité de relecture. La distribution des notes attribuées à chaque œuvre sera fournie avec le corpus d'entraînement. Une œuvre est jugée consensuelle si les notes attribuées par les différents relecteurs ne varient pas au-delà d'un écart de 1 point entre les différentes relectures associées à cette œuvre.

Nous représentons sur la figure 3 la répartition des œuvres selon qu'un consensus entre relecteurs a été observé ou non dans les corpus d'entraînement et de test.

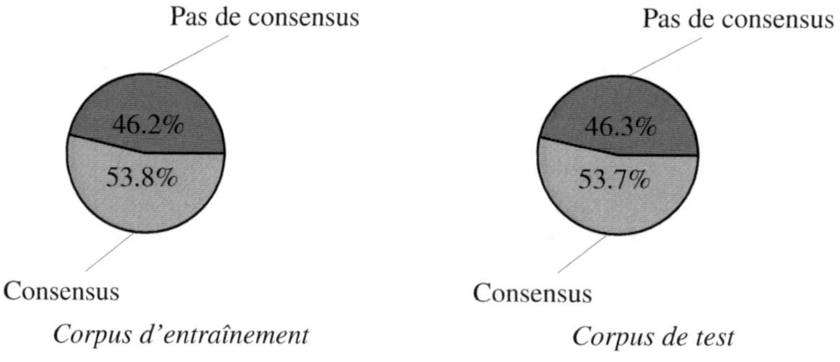

FIGURE 3 – Répartition des œuvres selon qu'un consensus entre relecteurs a été observé ou non (tâche 3)

3.1.2 Corpus de textes scientifiques

Tâche 4 – Déterminer la session scientifique dans laquelle un article de conférence a été présenté La quatrième tâche se démarque des précédentes car elle concerne les articles scientifiques présentés lors des dernières conférences

TALN. Le corpus se composera des articles présentés en communication orale (ni poster, ni conférence invitée). Pour chaque édition, seront fournis : un ensemble d'articles (titre, résumé, mots-clés, texte), la liste des sessions scientifiques de cette édition, et la correspondance article/session (sauf pour le test). Le corpus de test se composera d'une édition complète de TALN (articles et liste des sessions) pour laquelle il faudra identifier dans quelle session chaque article a été présenté.

Des noms de sessions absentes du corpus d'apprentissage peuvent exister dans le corpus de test. Cependant, les listes des sessions utilisées chaque année seront fournies à l'appui du corpus de test, comme elles le sont déjà pour le corpus d'apprentissage.

3.2 Tests humains

Corpus de textes scientifiques Des tests humains ont été réalisés sur la quatrième tâche auprès des étudiants de la promotion 2013/2014 du M2 professionnel d'ingénierie linguistique de l'INaLCO [3]. Les étudiants ont reçu pour consigne d'étudier rapidement le contenu de chaque article (titre, résumé, mots-clés, contenu) et de déterminer la session scientifique la plus probable sous laquelle chaque article a été présenté en conférence. Deux précisions ont été apportées : (i) un article ne dépend que d'une seule session scientifique, et (ii) plusieurs articles peuvent appartenir à la même session scientifique, y compris dans le corpus fourni en test.

Deux corpus de dix articles longs chacun [4], parus entre 2008 et 2013, ont été proposés à deux groupes d'étudiants, accompagnés de la terminologie des sessions scientifiques de l'ensemble des éditions TALN (soit une soixantaine de titres de sessions). Chaque corpus comprenait des articles relevant de quatre sessions seulement (sans que les étudiants ne soient informés du nombre total de sessions différentes, ni du nombre maximum d'articles par session dans le corpus), avec dans chacun des deux corpus la même répartition des articles dans les quatre sessions :
- dialogue homme-machine : 1 article par corpus ;
- morphologie et segmentation : 4 articles par corpus ;
- résumé automatique : 1 article par corpus ;
- traduction et alignement : 4 articles par corpus.

Les résultats ont été évalués en termes de score strict (la session a été retrouvée à l'identique entre l'hypothèse et la référence) et de score souple (la session de l'hypothèse est comprise dans la session de référence, plus générique ou regroupant plusieurs sessions). Pour la session de référence « morphologie et segmentation », si la session fournie est « segmentation », parce qu'elle est comprise dans la session plus générique qui l'englobe, un point sera compté dans le score souple, aucun point dans le score strict.

Les scores calculés sur les tests humains sont de :
- score strict : 2,82 en moyenne (le nombre de sessions correctement identifiées à l'identique varie de 2 à 3 sur dix selon le sous-groupe d'étudiants), soit 28,2% de sessions identifiées à l'identique en moyenne ;
- score souple : 6,64 en moyenne (le nombre de sessions identifiées partiellement varie de 4 à 8 sur dix selon le sous-groupe d'étudiants), soit 66,4% de sessions identifiées de manière partielle en moyenne.

Ces faibles scores s'expliquent pour plusieurs raisons : (i) face à dix documents, il est difficile pour un humain de considérer qu'une même catégorie s'applique à quatre documents alors qu'il existe une soixantaine de catégories disponibles, à plus forte raison deux fois de suite (deux sessions de quatre articles), (ii) le choix des sessions est déterminés par les organisateurs des conférences, certains choix pouvant être dictés par des considérations organisationnelles (contraintes de planning) plutôt que scientifiques, et (iii) les étudiants n'ont pas encore acquis l'habitude des conférences et des articles scientifiques.

Corpus de textes littéraires En raison des contraintes de confidentialité qui pèsent sur le corpus de textes littéraires, nous n'avons pas fait travailler les étudiants sur les données du site Short Edition.

3. Ces tests ont été réalisés dans le cadre du cours de fouille de texte assuré par Cyril Grouin auprès d'un groupe de quinze étudiants des parcours « Ingénierie multilingue » et « Traductiques et gestion de l'information » : Florence BARBEROUSSE, Amélie BOSC, Qinran DANG, Loïc DUMONET, Lucie GIANOLA, Ching Wen HUANG, Guillaume DE LAGANE DE MALÉZIEUX, Jennifer LEWIS WONG, Yingying MA, Amélie MARTIN, Dalia MEGAHED, Satenik MKHITARYAN, Fatemeh SAJADI ANSARI, Phuong Thao TRAN THI, Li Yun YAN. Nous remercions ces étudiants pour le travail qu'ils ont accompli en jouant le rôle d'évaluateurs humains de la tâche.

4. Le premier corpus comprend les articles suivants (les identifiants sont ceux du site TALN Archives) : taln-2008-long-008, taln-2008-long-010, taln-2011-long-022, taln-2011-long-024, taln-2011-long-036, taln-2011-long-038, taln-2013-long-018, taln-2013-long-024, taln-2013-long-030 et taln-2013-long-032. Le deuxième corpus comprend les articles taln-2008-long-009, taln-2008-long-011, taln-2011-long-021, taln-2011-long-023, taln-2011-long-025, taln-2011-long-037, taln-2013-long-001, taln-2013-long-006, taln-2013-long-023 et taln-2013-long-028.

3.3 Organisation

Calendrier Les inscriptions ont été ouvertes le 17 février 2014. Les données d'entraînement ont été distribuées à partir du 12 mars aux équipes ayant complété et signé les contrats d'accès aux données. Les données de test ont été communiquées entre le 12 et le 18 mai, la phase de test étant comprise dans une période de trois jours au libre choix de chaque équipe (accès aux données de test le premier jour, soumission des fichiers de résultats avant la fin du troisième jour). L'atelier de clôture s'est tenu le 1 er juillet, pendant la conférence TALN/RECITAL 2014 à Marseille.

Participants Dix-sept équipes se sont inscrites. Quinze équipes ont accédé aux données d'entraînement, et neuf équipes ont accédé aux données de test. Au terme du défi, sept équipes ont soumis des fichiers de résultats, par ordre alphabétique des affiliations :
- GREYC, Caen (14) : Charlotte Lecluze et Gaël Lejeune ;
- IRIT, Toulouse (31), LIMSI, Orsay (91), LLF, Paris (75) : Farah Benamara, Véronique Moriceau et Yvette Yannick Mathieu ;
- LIA, Avignon (84), ADOC Talent Management, Paris (75) : Luis Adrián Cabrera-Diego, Stéphane Huet, Bassam Jabaian, Alejandro Molina, Juan-Manuel Torres-Moreno, Marc El Bèze et Barthélémy Durette ;
- LIMSI, Orsay (91) : Eva D'hondt ;
- LINA, Nantes (44), IRISA, Rennes (35), LIPN, Villetaneuse (93) : Solen Quiniou, Peggy Cellier et Thierry Charnois ;
- Lutin UserLab, Paris (75) : Adil El Ghali et Kaoutar El Ghali ;
- ÚRK, Bratislava, Slovaquie, CHArt, Saint-Denis (93) : Daniel Devatman Hromada.

4 Méthodes des participants

Tâche 1 – Catégoriser le genre littéraire de courtes nouvelles Pour cette première tâche, tous les participants ont effectué une analyse stylistique des œuvres littéraires, pour en dégager des propriétés relatives à chaque catégorie. Ces propriétés ont ensuite été utilisées, soit directement, soit dans le cadre d'un apprentissage statistique.

Sur cette tâche, (Lecluze & Lejeune, 2014) ont considéré que le style littéraire des œuvres détermine la catégorie littéraire d'appartenance. Les auteurs ont également pris en compte les éléments du texte appartenant à divers champs lexicaux, constatant un bénéfice dans la classification. Cette approche globale semble pertinente au vu des résultats obtenus par l'équipe (voir tableau 2). De manière similaire, (D'hondt, 2014) a identifié dans les documents des indices stylistiques, syntaxiques, et les éléments du texte appartenant à un lexique d'opinions. Ces indices ont ensuite été utilisés pour construire un modèle par apprentissage au moyen d'un perceptron, en limitant le nombre de prédictions à 1 à 5 catégories par document traité. Enfin, l'approche utilisée par (El Ghali & El Ghali, 2014) repose sur les espaces sémantiques avec prise en compte des caractéristiques stylistiques des œuvres. D'autre part, l'approche retenue repose également sur l'utilisation d'arbres de décision pour chaque genre poétique (alexandrin, haïku, prose, sonnet, etc.).

Tâche 2 – Évaluer la qualité littéraire Afin d'évaluer la qualité littéraire des œuvres, (Benamara *et al.*, 2014) ont projeté un lexique d'opinions sur chaque mot des documents, dont les valeurs ont ensuite été utilisées comme caractéristiques pour construire un modèle par apprentissage statistique au moyen d'une régression logistique. Cette approche hybride a permis à cette équipe d'obtenir les meilleurs résultats (voir tableau 3). L'approche suivie par (Lecluze & Lejeune, 2014) repose sur l'identification de motifs récurrents porteurs d'opinion présents dans les relectures pour évaluer la qualité globale de chaque œuvre.

Tâche 3 – Déterminer si une œuvre fait consensus Sur cette tâche, (Benamara *et al.*, 2014) ont utilisé la même approche que celle suivie sur la tâche 2, avec l'obtention de bons résultats (voir tableau 4), tandis que (Lecluze & Lejeune, 2014) ont réutilisé l'approche d'analyse du style littéraire utilisée sur la tâche 1.

Tâche 4 – Déterminer la session scientifique dans laquelle un article de conférence a été présenté Sur cette dernière tâche, (El Ghali & El Ghali, 2014) ont considéré le problème sous l'angle d'un *clustering* au moyen de l'outil K-means. L'approche suivie repose sur la définition de clusters dont le barycentre est modifié jusqu'à aboutir à une convergence, ainsi que de deux types de contraintes : le nombre maximum d'articles par session et des distances entre documents avec des coûts associés de violation des contraintes. Cette approche globale a permis de correctement simuler la répartition des articles en sessions, l'équipe obtenant un score parfait (voir tableau 5). Une approche différente a été suivie par (Cabrera-Diego *et al.*, 2014) qui ont réalisé plusieurs systèmes dont ils ont combinés et optimisés les résultats : un système collégial combinant plusieurs approches (cosinus, n-grammes, modèle de Poisson, similarité de type Jaccard, k plus proches voisins) utilisées dans le cadre d'une validation croisée, un système reposant sur la similarité de profils, et un système à base de CRF. De manière plus basique, (Lecluze & Lejeune, 2014) ont appliqué une approche consistant à rechercher dans les articles les termes présents dans les noms de session scientifique, partant du principe que les termes utilisés dans les articles se reflètent dans les noms de session. L'approche suivie par (Quiniou *et al.*, 2014) consiste à étudier les motifs fréquents identifiés dans les articles qui sont représentés sous la forme de graphes. Des regroupements de graphes similaires ont ensuite été produits pour rassembler les articles et déterminer la session scientifique d'appartenance. Enfin, (Hromada, 2014) a mobilisé une approche à base de vecteurs sémantiques fondée sur les unigrammes et bigrammes de mots présents dans les titres, noms des auteurs, mots-clés et résumés d'articles.

5 Évaluation

Tâche 1 – Catégoriser le genre littéraire de courtes nouvelles La tâche a pour objectif d'identifier les différentes sous-catégories définissant le genre littéraire des nouvelles mais aussi d'ordonner ces sous-catégories suivant leur degré de pertinence. Il est donc nécessaire d'utiliser une mesure d'évaluation qui prennent en compte des réponses multi-catégories et le rang attribué à chaque catégorie. Ainsi, nous avons retenu le gain cumulé normalisé (*Normalized Discounted Cumulated Gain*, NDCG) (Järvelin & Kekäläinen, 2002). Le gain cumulé atténué par le rang (DCG) est défini de la manière suivante pour le document d :

$$DCG_d = \sum_{i=1}^{d} \frac{2^{rel_i} - 1}{\log_2(i+1)}$$

rel_i étant le poids de la sous-catégorie i. Le DCG_d est ensuite normalisé par rapport à celui de la liste de référence pour le document d ($IDCG_d$) :

$$nDCG_d = \frac{DCG_d}{IDCG_d}$$

On prend ensuite la moyenne des $nDCG_d$.

Tâche 2 – Évaluer la qualité littéraire La référence de cette tâche est une note correspondant à chaque relecture. Les systèmes participants devaient renvoyer le même type d'information. Nous considérons ensuite la médiane des notes de relectures associées à l'œuvre comme valeur de référence. L'utilisation de la médiane permet d'agréger les valeurs en éliminant les cas extrêmes. Nous avons ensuite évalué les réponses des systèmes en utilisant l'exactitude en distance relative moyenne à la solution (EDRM) que nous avions déjà utilisé lors de l'édition 2013 (Grouin *et al.*, 2013) :

$$EDRM = \frac{1}{N} \sum_{i=1}^{N} \left(1 - \frac{d(s_i, r_i)}{d_{max}(s_i, r_i)}\right) \quad (1)$$

Ainsi, lors de l'évaluation des réponses d'un système s_i, il est important de prendre en compte la valeur absolue de la distance à la référence r_i : $d(s_i, r_i)$. Par exemple, une distance de 1 à la référence doit être moins pénalisante qu'une réponse de 4. Cette distance doit également tenir compte de la distance maximale possible $d_{max}(s_i, r_i)$ en valeur absolue. La distance entre une réponse du système et la référence est ensuite normalisée. L'EDRM est alors calculée en fonction des distances obtenues pour le N œuvres.

Tâche 3 – Déterminer si une œuvre fait consensus Afin d'évaluer les réponses d'un système détectant le consensus d'une œuvre, nous avons utilisé la précision :

$$precision = \frac{TP}{TP + FP} \quad (2)$$

Tâche 4 – Déterminer la session scientifique dans laquelle un article de conférence a été présenté L'objectif de la tâche étant d'associer un article à une session scientifique, nous avons retenu la correction :

$$correction = \frac{|\{a_j | \exists S_i, a_j \in S_i\}|}{\sum_i |S_i|} \quad (3)$$

où a_j est un article bien rangé dans une session S_i et $|S_i|$ le nombre d'articles à ranger dans la sessions S_i. Cette mesure permet d'évaluer globalement la qualité d'affectation des articles.

Le NDCG (tâche 1) et la précision (tâche 3) sont calculés à l'aide du programme `trec_eval` [5], tandis que pour l'EDRM (tâche 2) et la correction (tâche 4), nous avons implémenté nous-mêmes ces mesures d'évaluation.

6 Résultats

Dans cette section, nous renseignons des résultats globaux obtenus par les participants sur chacune des quatre tâches, pour chacune des soumissions effectuées par les équipes. Le classement officiel (top 3) repose sur la meilleure soumission de chaque équipe (valeur en gras). Les tableaux regroupent les différentes soumissions des participants en blocs, ces blocs étant ensuite classés par ordre décroissant du meilleur score obtenu par l'équipe.

Le table 2 donne les résultats officiels des participants sur la tâche de catégorisation des œuvres (tâche 1), classés par ordre décroissant du meilleur score par équipe, avec indication du rang dans le classement final. Les meilleurs résultats de chaque équipe sont mis en gras. Sur cette tâche, la moyenne s'établit à 0,4475, la médiane à 0,4278 et l'écart-type est de 0,0695.

Équipe	GREYC		Lutin		LIMSI		
Soumission	1	2	1	2	1	2	3
NDCG	0,5130	**0,5248**	**0,4278**	0,2599	0,3817	0,3800	**0,3900**
Rang officiel	–	#1	#2	–	–	–	#3

TABLE 2 – Résultats des participants sur la tâche 1

Le tableau 3 donne les résultats officiels des participants sur la tâche de prédiction des notes des relecteurs (tâche 2), classés par ordre décroissant du meilleur score par équipe, avec indication du rang dans le classement final. Les meilleurs résultats de chaque équipe sont mis en gras. Sur cette tâche, la moyenne et la médiane s'établissent à 0,6121 et l'écart-type est de 0,3035.

Équipe	IRIT/LIMSI/LLF			GREYC
Soumission	1	2	3	1
EDRM (sur la médiane)	0,8193	0,8218	**0,8267**	**0,3975**
Rang officiel	–	–	#1	#2

TABLE 3 – Résultats des participants sur la tâche 2

Le tableau 4 donne les résultats officiels des participants sur la tâche de détermination du caractère consensuel d'une œuvre par les différents relecteurs (tâche 3), classés par ordre décroissant du meilleur score par équipe, avec indication du rang dans le classement final. Les meilleurs résultats de chaque équipe sont mis en gras. Sur cette tâche, la moyenne et la médiane s'établissent à 0,5125 et l'écart-type est de 0,1907.

Le tableau 5 donne les résultats officiels des participants sur la tâche d'identification des sessions scientifiques des articles TALN (tâche 4), classés par ordre décroissant du meilleur score par équipe, avec indication du rang dans le classement final. Les meilleurs résultats de chaque équipe sont mis en gras. Sur cette tâche, la moyenne s'établit à 0,5926, la médiane à 0,4815 et l'écart-type est de 0,2860.

5. `http://trec.nist.gov/trec_eval`

Équipe	IRIT/LIMSI/LLF			GREYC
Soumission	1	2	3	1
Précision	0,6453	**0,6473**	0,6401	**0,3776**
Rang officiel	–	#1	–	#2

TABLE 4 – Résultats des participants sur la tâche 3

Équipe	Lutin	LIA			GREYC			LINA/IRISA/LIPN			ÚRK/CHArt		
Soumission	1	1	2	3	1	2	3	1	2	3	1	2	3
Précision	**1,0000**	**0,7593**	0,3704	0,7037	0,4259	**0,4815**	0,4444	0,4259	0,4259	**0,4444**	**0,2778**	0,2222	**0,2778**
Rang officiel	#1	#2	–	–	–	#3	–	–	–	#4	#5	–	–

TABLE 5 – Résultats des participants sur la tâche 4

7 Conclusion

L'édition 2014 du défi fouille de texte (DEFT) a porté sur l'analyse de textes littéraires et scientifiques.

Sur la tâche de catégorisation des œuvres littéraires, les participants ont tenu compte des aspects stylistiques des documents ainsi que des éléments appartenant à certains champs sémantiques pour déterminer la catégorie d'appartenance. La meilleure équipe a obtenu un gain cumulé normalisé (NDCG) de 0,5248.

Sur la tâche d'évaluation de la qualité littéraire de ces œuvres, avec pour référence les notes attribués par les relecteurs professionnels, les participants ont utilisés des ressources pour la fouille d'opinion, soit des lexiques utilisés dans des approches par apprentissage, soit l'identification de motifs récurrents. La meilleure équipe a obtenu une exactitude en distance relative à la solution moyenne (EDRM) de 0,8267.

Sur la tâche de détermination du caractère consensuel d'une œuvre, les participants se sont fondés, soit sur l'étude stylistiques des documents, soit sur la prise en compte des opinions exprimées dans les documents. La meilleure équipe a obtenu une précision de 0,6473.

Enfin, sur la tâche d'identification de la session scientifique pendant laquelle un article scientifique a été présenté pendant les conférences TALN, les participants ont utilisé des approches par apprentissage statistique, notamment en combinant et fusionnant plusieurs systèmes. La meilleure équipe a obtenu une correction parfaite de 1, prédisant exactement le classement réalisé par les humains lors des conférences utilisées pour le jeu de test. Les prédictions réalisées par les participants sur cette tâche ont donné lieu à des résultats fortement contrastés.

Références

BENAMARA F., MORICEAU V. & MATHIEU Y. Y. (2014). Catégorisation sémantique fine des expressions d'opinion pour la détection de consensus. In *Actes de DEFT*, Marseille, France.

BOUDIN F. (2013). TALN archives : une archive numérique francophone des articles de recherche en traitement automatique de la langue. In *Actes de TALN 2013 (Traitement automatique des langues naturelles)*, p. 507–514, Les Sables-d'Olonne : ATALA LINA-LIUM.

CABRERA-DIEGO L. A., HUET S., JABAIAN B., MOLINA A., TORRES-MORENO J.-M., EL-BÈZE M. & DURETTE B. (2014). Algorithmes de classification et d'optimisation : participation du LIA/ADOC à DEFT'14. In *Actes de DEFT*, Marseille, France.

D'HONDT E. (2014). Genre classification using balanced winnow in the DEFT 2014 challenge. In *Actes de DEFT*, Marseille, France.

EL GHALI A. & EL GHALI K. (2014). Combiner espaces sémantiques, structure et contraintes. In *Actes de DEFT*, Marseille, France.

GROUIN C., PAROUBEK P. & ZWEIGENBAUM P. (2013). DEFT2013 se met à table : présentation du défi et résultats. In *Actes de DEFT*, Les Sables-d'Olonne, France.

HROMADA D. D. (2014). Introductory experiments with evolutionary optimization of reflective semantic vector spaces. In *Actes de DEFT*, Marseille, France.

JÄRVELIN K. & KEKÄLÄINEN J. (2002). Cumulated gain-based evaluation of ir techniques. *ACM Trans. Inf. Syst.*, **20**(4), 422–446.

LECLUZE C. & LEJEUNE G. (2014). DEFT2014, analyse automatique de textes littéraires et scientifiques en langue française. In *Actes de DEFT*, Marseille, France.

QUINIOU S., CELLIER P. & CHARNOIS T. (2014). Fouille de données pour associer des noms de sessions aux articles scientifiques. In *Actes de DEFT*, Marseille, France.

DEFT2014, analyse automatique de textes littéraires et scientifiques en langue française

Charlotte Lecluze Gaël Lejeune
Université de Caen
GREYC, CNRS, CS14032, 14032 Caen Cedex 5
prenom.nom@unicaen.fr

Résumé. Nous présentons dans cet article les méthodes utilisées par l'équipe HULTECH pour sa participation au DÉfi Fouille de Textes 2014 (DEFT2014). Cette dixième édition comportait quatre tâches et portait sur l'analyse automatique de textes littéraires et d'articles scientifiques en langue française. Les trois tâches portant sur l'analyse de textes littéraires consistent à évaluer le genre d'une part mais aussi la qualité littéraires des nouvelles mises à notre disposition. La dernière tâche quant à elle porte sur l'analyse de textes scientifiques, à savoir des articles des sessions précédentes de TALN. Notre équipe a participé aux quatre tâches.

Abstract. **DEFT2014, automatic analysis of literary and scientific texts in French**
We present here the HULTECH (HUman Language TECHnology) team approach for the DEFT2014 (french text mining challenge). The purpose of these four tasks challenge is to automatically analyze a special kind of literay texts : short stories. The last one is about scientific articles. The three tasks about short stories aim to detect the genre, to assess the quality of the text and the consensus between reviewers about this quality. The last task relates to the analysis of scientific texts: articles of previous sessions of TALN. Our team participated in all of the four tasks.

Mots-clés : classification, évaluation, algorithmique du texte, stylométrie.

Keywords: classification, evaluation, text algorithmics, stylometry.

1 Introduction

Pour cette nouvelle édition du défi, quatre tâches d'analyse de texte étaient proposées. Les trois premières tâches s'attachaient aux textes littéraires (courtes nouvelles) tandis que la quatrième concernait des articles scientifiques :

Tâche 1 - classification par genre littéraire Catégoriser le genre littéraire de courtes nouvelles parmi 45 sous-catégories (poésie, nouvelles, policier. . .Voir tableau 1). Cette tâche consistait à classer automatiquement une nouvelle dans la sous-catégorie qui lui a été la plus souvent attribuée par des annotateurs. Chaque nouvelle avait été classée dans 2 ou 3 sous-catégories différentes par les annotateurs. Les sous-catégories d'une œuvre sont ordonnées par ordre d'importance : la première est la sous-catégorie principale. . .(Figure 1 et 2).

Tâche 2 - évaluer la qualité littéraire Évaluer la qualité littéraire de chacune de ces nouvelles en prédisant la note que donnerait un juge humain. La tâche 2 a pour but d'évaluer la qualité littéraire de chacun de ces textes en prédisant la note attribuée par le comité de relecture à chacun des textes littéraires. La référence de cette tâche est constituée par l'ensemble des notes attribuées par le comité de relecture de l'éditeur Short Edition. Ces notes ont été fournies avec le corpus d'entraînement. Il s'agit pour chaque nouvelle d'une série de 3 à 13 annotations auxquelles une note de 1 à 6 a été associée. L'analyse des commentaires des relecteurs doit permettre l'évaluation de la qualité littéraire de la nouvelle et l'attribution automatique d'une note.

Tâche 3 - évaluer le consensus sur la qualité Déterminer, pour chacune des nouvelles, si elle est consensuelle auprès des différents relecteurs. Une œuvre est jugée consensuelle si les notes attribuées par les différents relecteurs ne varient pas au-delà d'un écart de 1 point.

Tâche 4 - classer par session scientifique Cette tâche se démarque des précédentes car elle concerne les articles scientifiques présentés lors des dernières conférences TALN. Pour chaque édition précédente de TALN, identifier dans quelle session scientifique chaque article scientifique de la conférence a été présenté (communication orale uniquement), parmi la liste fournie pour chaque édition. Pour chaque édition, un ensemble d'articles (titre, résumé, mots-clés, texte), la liste des sessions scientifiques de cette édition, et la correspondance article/session (sauf pour le test) ont été fournis. Le corpus de test se composait quant à lui d'une édition complète de TALN (articles et liste des sessions) pour laquelle il fallait identifier dans quelle session chaque article a été présenté.

```
<post>
<id>1575</id>
<title><![CDATA[Tant de temps]]></title>
<content><![CDATA[<p>Il y a un temps pour tout<br />
Un temps atout<br />
Quitte à tout prendre<br />
Je prends le temps.</p>
]]></content>
<type><![CDATA[poetik]]></type>
<subcategories>
<subcategory>
<id>1421</id>
<section>poésie</section>
<name>haikus</name>
<rank>0</rank>
</subcategory>
<subcategory>
<id>1443</id>
<section>émotions</section>
<name>instant de vie</name>
<rank>1</rank>
</subcategory>
</subcategories>
</post>
```

FIGURE 1 – Exemple de nouvelle du corpus d'apprentissage de la tâche 1 : contenu textuel et méta-informations

2 Description des tâches

2.1 Tâche 1 : classification de courtes nouvelles

L'objectif était de proposer un classement des nouvelles par genre littéraire. 45 sous-catégories, réparties en sept section, étaient envisagées. Le tableau 1 présente l'effectif des nouvelles par section et sous-catégorie dans le corpus d'apprentissage mis à notre disposition et qui contenait 2328 nouvelles, chacune s'étant vu attribuer deux à trois sous-catégories (Figure 1 et 2) par les relecteurs, pour un total de 5182 annotations. Ce tableau illustre la disproportion de certaines sections par rapport à d'autres. Les sections *chronique*, *émotions* et *poésie* sont notamment surreprésentées.

La figure 1 présente l'exemple d'une nouvelle classée par les annotateurs dans deux sections - sous-catégorie, principalement dans la section - sous-catégorie *Poésie - haikus* mais aussi dans celle *Émotions - Instant de vie* (en bleu sur la figure).

Les réponses à prédire pour l'ensemble des nouvelles ont été fournies dans un fichier tabulaire (4 colonnes : numéro de document, sous-catégorie, section, rang), comme le montre la figure 2. Dans une phase d'exploration du corpus d'apprentissage mis à notre disposition, nous avons mesuré d'une part les combinaisons de sous-catégories qu'il était possible de rencontrer (Tableau 2), ainsi que les catégories les plus fréquemment attribuées au rang 1 (Tableau 3).

Section	Effectifs	Sous-catégories	Sous-effectifs
autres	256	5	[allégorie:39,autres:6, conte:59, fantaisiste:143, lettre:9]
chronique	1166	9	[arts:200, gastronomie:14, histoire:91, nature:268, sciences-médical:33, société:440, spiritualité:40, sport:16, voyage:64]
émotions	2614	11	[amitié:80, colère:39, drame:355, enfance:131, erotisme:46, famille:290, humour:196, instant de vie:586, mélancolie-solitude:279, nostalgie-souvenirs:255, romance:357]
fantastique-sf	146	5	[esotérique:3, fantasy:4, merveilleux:40, science-fiction:45, surnaturel:54]
jeunesse	29	1	[jeunesse:29]
noir	175	5	[aventure:25, horreur:14, policier:23, suspens:96, thriller:17]
poésie	796	9	[alexandrins:140, chanson:26, comptine:20, fable:13, haikus:3, prose:32, slam:14, sonnets:40, vers libres:508]
Total	5182	45	

Tableau 1 – Effectifs des section et sous-catégories du corpus d'apprentissage de la tâche 1

1575	haikus	poésie	0
1575	instant de vie	émotions	1

FIGURE 2 – Extrait du fichier des réponses à prédire

Combinaisons de sous-catégories	Effectif
Chronique - société / Émotions - instants de vie	120
Émotions - famille / Émotions - drame	101
Émotions - romances / Poésie - Vers libres	87
Émotions - romances / Émotions - nostalgie-souvenirs	51
Fantastique-sf - merveilleux / Chronique - nature	7
Poésie - haikus / Émotions - instants de vie	1
Poésie - haikus / Nostalgie - souvenir	1

Tableau 2 – Exemples de combinaisons de sous-catégories rencontrées avec leur effectif

Nous avons également mesuré les étiquettes les plus souvent attribuées. Le tableau 3 présente les effectifs des dix sous-catégories principalement attribuées.

Effectif	Sous-catégories
496	Poésie - vers libres
246	Émotions - instant de vie
190	Chronique - société
152	Émotions - drame
140	Poésie - alexandrins
111	Émotions - famille
86	Chronique - arts
83	Chronique - nature
75	Émotions - romance
63	Autres - fantaisiste

Tableau 3 – Les dix étiquettes au rang 1 les plus souvent attribuées par les annotateurs.

20914	1	3.0
20914	2	3.0
20914	3	2.0

FIGURE 3 – Extrait du fichier résumant les notes attribuées


```
<post>
<id>20914</id>
<title><![CDATA[Les hérons usés]]></title>
<content><![CDATA[<p>Comme vieux flamants se querellent, et disparaissent les rebelles<br /> Comme nos aigles tatoués aussi vont s'envoler<br /> Comme demain nous serons résignés<br /> Comme des hérons usés<br /> <br /> Comme ces oiseaux posés sur des arbres âgés<br /> Et l'étang millénaire est d'essence et d'éther<br /> Comme trop de peine, trop peu d'oxygène<br /> Comme leurs forêts s'éteignent<br /> <br /> Comme ces hérons parés, force grêle et cendrée<br /> Comme ils regardent au loin le château des humains<br /> Comme leur monde souffre et saigne<br /> Ils sont heureux quand même <br /> Heureux quand même</p>]]></content>
<type><![CDATA[poetik]]></type>
<reviews>
<review>
<id>1</id>
<uid>56766</uid>
<content><![CDATA[
rhéron, héron, petit patapon...
Un petit oui aussi.
]]></content>
<note>
3.0
</note>
</review>
<review>
<id>2</id>
<uid>28729</uid>
<content><![CDATA[
J'aime bien cette déclinaison dans le rythme des strophes mis à part cela c'est très léger
]]></content>
<note>
3.0
</note>
</review>
<review>
<id>3</id>
<uid>8519</uid>
<content><![CDATA[
Un joli sujet, une mélancolie communicative.
]]></content>
<note>
2.0
</note>
</review>
</reviews>
</post>
```


FIGURE 4 – Exemple de nouvelle du corpus d'apprentissage de la tâche 2 : contenu textuel et métadonnées (dont les notes attribuées par les annotateurs)

```
<post>
<id>5084</id>
<title><![CDATA[Et le vent souffla: Comme un carré de liège]]></title>
<content><![CDATA[<p>Tout en caracolant<br /> Le sommeil me ravit<br /> A la prison de mon lit<br /> Je bondis, léger,léger<br /> Comme un carré de liège<br /><br /></p>]]></content>
<type><![CDATA[tres-tres-court]]></type>
<reviews>
<review>
<id>1</id>
<uid>24799</uid>
<content><![CDATA[
Poétik, non ? Un peu court, un peu faible.
]]></content>
<note>
4.0
</note>
</review>
<review>
<id>2</id>
<uid>27092</uid>
<content><![CDATA[
Improvisation?
]]></content>
<note>
4.0
</note>
</review>
<review>
<id>3</id>
<uid>10612</uid>
<content><![CDATA[
TTC ou poétik ? Ni l'un ni l'autre. C'est faible.
]]></content>
<note>
5.0
</note>
</review>
</reviews>
<consensus>
<decision>1</decision>
</consensus>
</post>
```


FIGURE 5 – Exemple de nouvelle du corpus d'apprentissage de la tâche 3 : contenu textuel et métadonnées dont les notes attribuées par les annotateurs et la décision quant au consensus

2.2 Tâche 2 : évaluation de la qualité littéraire

Á partir de l'analyse des commentaires réalisés par les annotateurs, la tâche 2 consistait à estimer la qualité littéraire de chaque nouvelle. Chaque nouvelle bénéficiait de trois à treize annotations, consistant en quelques mots (en bleu sur la figure). Chaque annotation était assortie d'une note entre un et six (en rouge sur la figure). La figure 4 présente une des nouvelles du corpus d'apprentissage de la tâche 2. Sur cette nouvelle, trois annotateurs ont donné leur avis. « Id » est le numéro de la relecture pour ce document, « uid » est l'identifiant numérique du relecteur (un seul identifiant par relecteur sur l'ensemble du corpus), « content » correspond au contenu de la relecture, « note » correspond à la note attribuée par le relecteur.

Un fichier (Figure 3) contenant un résumé des notes attribuées par les relecteurs était fourni avec le corpus d'apprentissage. Ce fichier comprenait sur une ligne l'identifiant de la nouvelle, le numéro de la relecture pour ce document et la note attribuée par le relecteur.

2.3 Tâche 3 : déterminer si une œuvre fait consensus

La tâche 3 consistait à évaluer si l'œuvre à analyser faisait consensus ou pas, autrement dit si les notes attribuées par les différents relecteurs ne varient pas au-delà d'un écart de 1 point.
Avec le corpus d'apprentissage, un fichier mentionnant pour chaque nouvelle si elle faisait consensus ou pas (avec 0 = œuvre non consuelle et 1= œuvre consensuelle) était fourni. Chaque ligne du fichier comprend l'identifiant de nouvelle et la décision.

2.4 Tâche 4 : déterminer la session scientifique

Cette tâche consistait à affecter automatiquement un article scientifique à une session scientifique thématique. En l'occurrence, les participants avaient accès au nom de la session. Ce nom pouvait dans certains cas être composé de plusieurs mots ou de thèmes différents. Dans ce dernier cas, les différents thèmes étaient séparés par des « | ». Les articles avaient été extraits automatiquement à partir des fichiers PDF. certaines marques telles que les légendes, les titres ou les notes de bas de page se sont trouvées « écrasées »par ce processus. Ces problèmes d'écrasement des observables sont classiques lors du passage automatique du PDF au XML ou HTML.

3 Méthodologie et résultats

3.1 Tâches 1 et 3 : stylométrie

Notre hypothèse était la suivante : la manière la plus économe de rattacher un texte à une catégorie est de se fier à des indices stylométriques. Ainsi, nous avons considéré ces deux tâches comme similaires à la désanonymisation d'articles (ou *Autorship Attribution*). L'objet étant ici de détecter un style collectif plutôt qu'un style individuel. Ce style collectif serait spécifique à un sous-genre (tâche 1) ou pourrait amener un consensus auprès des relecteurs (tâche 3). Nous y avons ajouté des critères grammaticaux avec l'utilisation des pronoms personnels et des auxiliaires. Il nous a semblé que des indices purement lexicaux seraient moins robustes, néanmoins nous avons proposé d'ajouter quelques champs lexicaux bien déterminés.

Une hypothèse envisagée mais non retenue avait été de chercher des patrons linguistiques dans l'esprit des travaux de Bechet *et al.* (2012). On pourrait en effet penser que certaines structures phrastiques ou sous-phrastiques soient typiques de certaines classes.

3.1.1 Critères utilisés

Les critères stylométriques (Stamatatos, 2009; Sun *et al.*, 2012) retenus font partie des critères classiquement utilisés dans le domaine.

Nous avons testé l'ajout de plusieurs champs lexicaux. Seul celui que nous avons nommé « saisons » apportait une plus-value, principalement sur la classification des œuvres.

Ce champ lexical, construit manuellement, comportait les noms de saisons ainsi que quelques termes connexes : fleur(s), feuille(s), neige, soleil...

3.1.2 Spécificités de chaque *run* et résultats

Pour ces deux tâches, nous avons testé différents algorithmes d'apprentissage pour construire nos modèles. La configuration la plus robuste dans notre cas était un classifieur SVM pour lequel la phase d'apprentissage était effectuée à l'aide

Critères stylométriques		Critères grammaticaux
Taille :	# Paragraphes	#Première personne singulier
	# Phrases	#Deuxième personne singulier/pluriel
	# Mots	#Troisième personne singulier
	# Caractères	#Autres personnes (nous, ils, eux)
Ponctuation :	# Virgules	#Pronoms relatifs
	# Point-virgules	#Occurrences être/avoir au présent
	# Tirets	#Occurrences être/avoir au passé
	# Parenthèses	#Occurrences être/avoir au futur
	# Guillemets	#Termes comparaison métaphores (comme, tel...)

Tableau 4 – Critères stylométriques et grammaticaux utilisés

de l'algorithme SMO (Platt, 1999). Le jeu sur les paramètres n'a eu qu'un impact marginal sur les résultats. Pour tous les *runs* présentés, nous avons donc conservé les valeurs par défaut de l'implémentation présente dans *Weka*.

Pour la tâche 1 où la sortie était une liste ordonnée de classes, nous utilisions la méthode suivante :
- le classifieur nous donne l'étiquette la plus prégnante que nous plaçons au rang 1 ;
- les étiquettes suivantes sont déduites des associations les plus probables observées dans le corpus d'apprentissage (Tableau 2).

run	Spécificités	Résultat	Rang
Tâche 1, *run* 1	Critères stylométriques et grammaticaux	NDCG : 0,513	N/A
Tâche 1, *run* 2	Ajout du champ lexical « saisons »	NDCG : 0,5248	1er/3
Tâche 3, *run* 1	Critères stylométriques et grammaticaux	Précision : 0,3776 (soumis) 0,5449 (réel) [1]	2ème/2

Tableau 5 – Spécificité de chaque *run* et résultats

3.2 Tâche 2 : motifs récurrents

3.2.1 Critères utilisés

Pour cette tâche, nous nous sommes intéressés à des motifs répétés trouvés dans les critiques. Ces motifs sont des N-grammes de caractères avec $n > 3$ de manière à éviter la surgénération de motifs. En effet, ces motifs courts étaient peu discriminants et induisaient une charge de calcul importante. Nous ne conservions que les motifs répétés dans le corpus, c'est-à-dire ceux qui étaient présents dans au moins deux critiques. Si nous reprenons la terminologie de la fouille de texte, nous avons donc des motifs avec un support (dans les critiques) strictement supérieur à 1 et une longueur strictement supérieure à 3. Nous avons ainsi obtenu 1322 motifs, quelques exemples sont donnés le tableau 6.

Dommage	Trop_de_fautes	J'aime_beaucoup	histoire_m	que_j_ai_lu
Encore	Un_peu	J'aime_l	humour	sans_faute
Ennuyeux	Aucun	Je_suis	intéressante	extraordinaire
Faible	Aucun_intérêt	Je_vais	je_me	pas_terrible
Je_n'ai	Beaucoup	l'auteur	jusqu'à_la_fin	Un_petit_oui

Tableau 6 – Exemples de motifs extraits (« _ » représentant une espace typographique)

Pour construire le modèle nous avons utilisé la même configuration que pour les tâches 1 et 3.

run	Spécificités	Résultat	Rang
Tâche 2, *run* 1	Motifs répétés, longueur supérieure à 3 caractères	EDRM : 0,3975	2ème/2

Tableau 7 – Description synthétique de notre *run* de la tâche 2

3.3 Tâche 4 : une *baseline*?

3.3.1 Critères utilisés

Étant donné les noms des sessions disponibles, nous avons supposé que ces termes seraient présents dans les textes et que le nom de la session correspondante serait plus fréquent que les autres.

Pour le *run* 1 nous avons simplement cherché l'effectif de chaque terme dans l'article.

Dans un second temps, nous avons ajoutés des critères positionnels. Ces termes sont d'autant plus importants qu'ils sont placés en tête (introduction/première section) et pied de document (conclusion/bibliographie).

Pour le *run* 2 nous avons donc donc retiré le corps du document de manière à ne considérer que les occurrences placées en tête et en pied de document. Pour le *run* 3, nous avons cherché à affiner cette hypothèse. Les termes ont d'autant plus de poids que leurs occurrences sont :
- Proches de la tête ou du pied (donc distants du milieu du document)
- Présentes dans des petits segments de textes (*a priori* : mot-clés, titres, légendes, entrées bibliographiques)

Pour le *run* 3, le calcul du poids d'un terme est la moyenne du poids de chacune de ses occurrences dans l'article. Le poids de chaque occurrence est calculé comme suit :

$$\frac{DistCenter}{len(article)} + \frac{1}{len(segment)}$$

Avec $len(X)$, une fonction donnant la longueur de X en caractères et $Distcenter$ la distance (en caractères) entre la position de l'occurrence et le centre du document ($\frac{len(document)}{2}$).

run	Spécificités	Résultat	Rang
Tâche 4, *run* 1	Effectif des noms de session, article complet	Précision au rang 1 : 0,4259	N/A
Tâche 4, *run* 2	Effectif des noms de session, article évidé	Précision au rang 1 : 0,4814	3ème/5
Tâche 4, *run* 3	Effectif pondéré des noms de session	Précision au rang 1 : 0,4444	N/A

Tableau 8 – Descriptions synthétiques des *runs* pour la tâche 4

4 Conclusion

En conclusion de notre participation au DEFT 2014, nous souhaitons souligner qu'une fois de plus les organisateurs ont fait preuve d'originalité avec une édition orientée autour d'un genre rarement explorée : la nouvelle. Les 3 tâches offraient des perspectives de recherches intéressantes même si la tâche 2 (évaluer la qualité littéraire) aurait pu proposer une piste basée uniquement sur les textes eux mêmes. Pour ce qui est de la tâche 4, une idée qui nous paraît intéressante serait de proposer un travail directement sur les fichiers PDF. En effet, la phase de conversion amène des déperditions d'informations et globalement l'écrasement de certains observables (les tableaux par exemple). Selon la méthode de traitement que l'on souhaite appliquer en aval, ces pertes seront plus ou moins handicapantes. Proposer les documents « bruts » permettrait d'évaluer, de manière indirecte, l'influence des pré-traitements sur les résultats. En effet, ces problèmes ne relèvent pas que de l'ingénierie et sont de vrais objets de recherche. On pourrait même imaginer que le travail des participants soit justement de concevoir un système de pré-traitement. Ce système serait évalué en fonction des résultats d'un autre module de traitement placé en aval. Le système de pré-traitement serait dès lors évalué non seulement de façon intrinsèque (quantité de mots, de phrases conservées...) mais aussi de manière extrinsèque en fonction de son influence sur les résultats d'un module de post-traitement.

Références

NICOLAS BÉCHET, PEGGY CELLIER T. C. & CRÉMILLEUX B. (2012). Discovering linguistic patterns using sequence mining. In *Proceedings of the 13th International Conference on Intelligent Text Processing and Computational Linguistics (CICLing 2012)*, p. 11–17.

PLATT J. C. (1999). Advances in kernel methods. chapter Fast Training of Support Vector Machines Using Sequential Minimal Optimization, p. 185–208. Cambridge, MA, USA: MIT Press.

STAMATATOS E. (2009). A survey of modern authorship attribution methods. *J. Am. Soc. Inf. Sci. Technol.*, **60**(3), 538–556.

SUN J., YANG Z., LIU S. & WANG P. (2012). Applying stylometric analysis techniques to counter anonymity in cyberspace. *Journal of Networks*, **7**(2).

Combiner espaces sémantiques, structure et contraintes

Adil El Ghali[1, 2] Kaoutar El Ghali[2]
(1) European Commission, Joint Research Centre – via Enrico Fermi 2749, 21027 Ispra VA, Italy
(2) LUTIN, Cité des sciences et de l'industrie – 30, avenue Corentin Cariou, 75930 Paris cedex 19
adil.el-ghali@jrc.ec.europa.eu, kaoutar.elghali@lutin-userlab.fr

Résumé. Dans la lignée des méthodes que nous avons présenté lors de nos précédentes participations au DEFT, nous présentons cette année un ensemble de méthodes qui combinent une représentation de la sémantique dans des espaces vectoriels construits avec Random Indexing avec méthode s'appuyant sur une formalisation de la structure des genres poétiques pour la tâche 1 et une approche à base de contraintes pour la tâche 4.

Abstract. In line with the methods we have introduced in our previous participations DEFT, we present this year some methods that combine a representation of the semantic in vector spaces constructed with Random Indexing with a method based on a formalization of the structure of poetic genres for Task 1, and an approach based on constraints for the task 4.

Mots-clés : Espaces sémantiques, Random Indexing, contraintes, structure poétique, clustering.

Keywords: Semantic spaces, Random Indexing, constraints, poetry structure, clustering.

1 Introduction

L'édition de cette du DEFT proposait quatre tâches assez différentes. Nous avons choisi d'en aborder deux (i) la catégorisation du genre d'un texte littéraire (tâche 1), et (ii) l'assignation de session à des articles scientifiques (tâche 4). Notre approche pour les deux tâches a été basé sur le même fondement : une représentation du sens des textes dans des espaces sémantiques construits en utilisant Random Indexing. Il y a toutefois une grande différence entre la façon dont les tâches ont été adressés.

Dans la première (tâche 1), nous avons utilisé une méthode relativement simple pour assigner les catégories "sémantiques" qui consiste à représenter les documents et les catégories dans un seul espace vectoriel qui permet leur comparaison, et de calculer à partir de là les catégories les plus proches pour chacun des documents. Nous avons ensuite calculer séparément la sous-catégorie poétique de chaque document appartenant à cette catégorie en se basant sur une méthode qui tente de modéliser par une série de descripteurs de structure les genres poétiques.

Alors que pour la seconde (tâche 4), nous avons considéré le problème d'assigner une session aux articles d'une conférences scientifiques comme un problème de clustering contraint par le nombre d'articles dans les sessions et par les distances relatives des articles obtenues dans l'espace sémantique représentant les articles de la conférence.

2 Corpus

2.1 Tâche 1

La tâche 1 a pour but de classer un texte littéraire court selon le genre qui lui correspond. Le corpus d'apprentissage est constitué d'œuvres publiées sur *Short Edition*, éditeur en ligne de textes courts. Il est composé de documents $N_{app} = 2328$ répartis en 7 catégories : *autres*, *chronique*, *fantastique - sf*, *jeunesse*, *noir*, *poésie* et *émotions* (figure 1).

Les catégories chronique et émotions sont celles qui sont associées au plus grand nombre de documents dans le corpus ($N_{chronique} = 1055$, $N_{emotions} = 1771$).

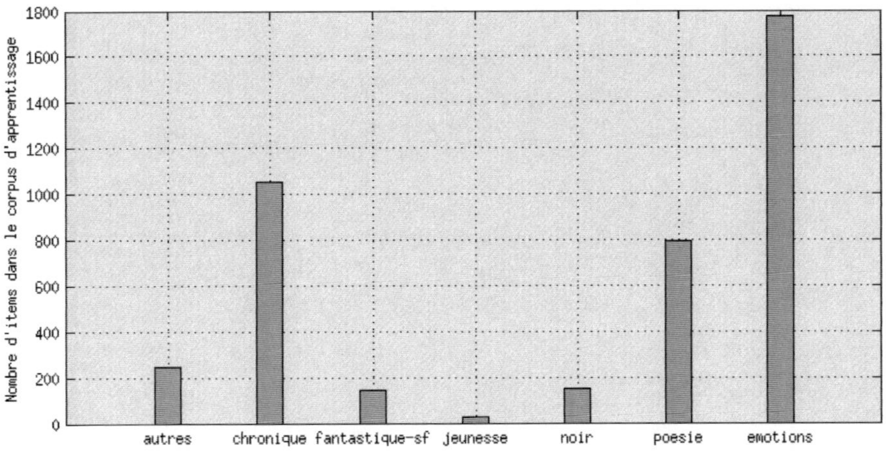

FIGURE 1 – Répartition des documents par catégorie

Chaque document peut être associé à plusieurs catégories. Les intersections entre celles-ci sont représentées dans la figure 2. Les catégories les plus représentées (*chronique* et *émotions*) présentent naturellement les intersections les plus importantes avec les autres catégories. La seule intersection nulle est entre les catégories *jeunesse* et *noir*.

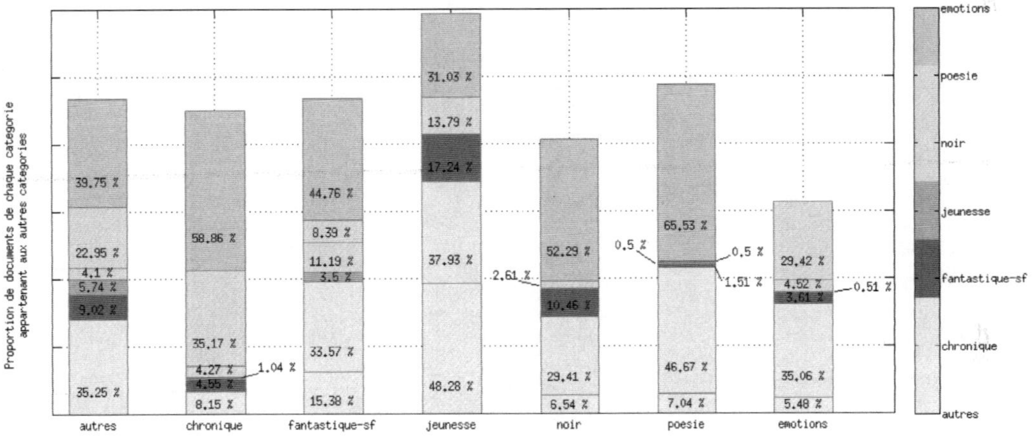

FIGURE 2 – Intersection des catégories dans le corpus d'apprentissage

Chaque catégorie regroupe plusieurs sous-catégories (figure 3) ; celles-ci sont non-spécifiques, à l'exception de celles qui sont poétiques. Aussi, chaque œuvre peut appartenir à, au plus, 5 sous-catégories ; et chaque poème appartient à une seule et unique sous-catégorie poétique. Il n'existe donc pas de fonction entre l'ensemble des documents est celui des sous-catégories non-spécifiques. En revanche, il existe une application surjective entre celui des poèmes et celui des sous-catégories poétiques.

2.2 Tâche 4

La tâche 4 concerne la classification d'articles scientifiques présentés en communication orale lors des dernières conférences TALN. Il s'agit d'identifier, à partir de l'article, son résumé et ses mots-clés, la session dans laquelle il a été présenté.

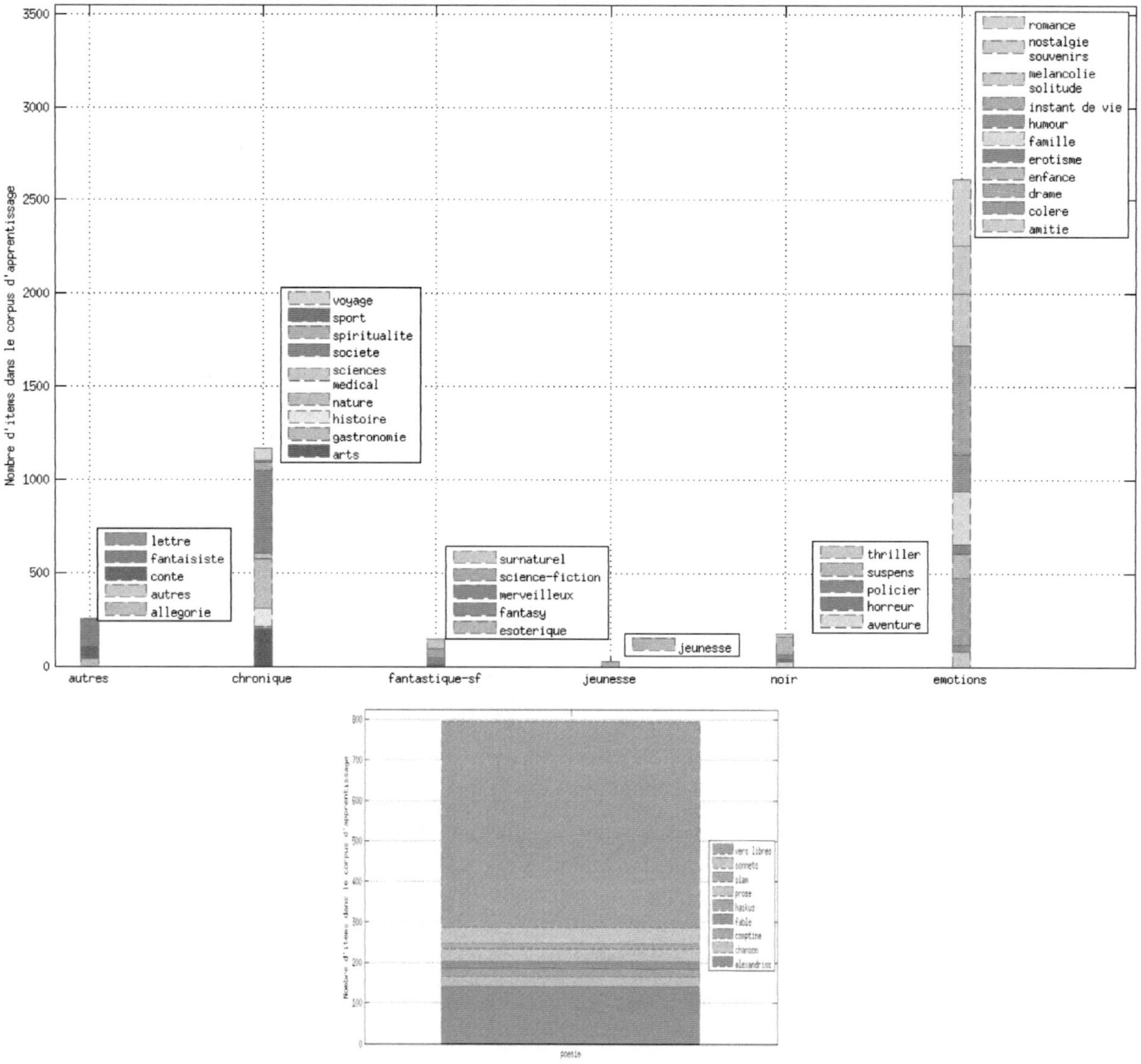

FIGURE 3 – Répartition des documents dans les sous-catégories non-spécifiques

Le corpus d'apprentissage se compose de 208 articles présentés en 2002, 2005 et de 2007 à 2011, et répartis en 43 sessions scientifiques. Le corpus d'apprentissage se compose de 55 articles présentés en en 2012 et 2013, et répartis en 16 sessions. Le nombre d'articles par session est fourni pour le corpus de test.

3 Espaces sémantiques

Les modèles vectoriels de représentation sémantique de documents, par exemple LSA (Landauer & Dumais, 1997), HAL (Lund & Burgess, 1996) et RI (Kanerva *et al.*, 2000), sont des méthodes algébriques représentant les documents et les mots dans des espaces vectoriels, fonction de l'environnement textuel dans lequel ceux-ci apparaissent. Ces modèles permettent de construire un espace sémantique dans lequel les mots sont représentés comme des vecteurs d'un espace vectoriel de grande dimension, où leurs distances les uns aux autres représentent leur similarité sémantique. En effet, en se basant sur l'hypothèse distributionnelle de Harris, qui stipule que les mots apparaissant dans des contextes similaires tendent à avoir un sens similaire, ces méthodes transforment l'analyse distributionnelle d'un corpus en espace sémantique.

Une problématique commune à ces méthodes est la construction d'espace sémantique à partir des matrices mot-document ou mot-mot issues des analyses distributionnelles. L'extraction de concepts se fait par le biais de méthodes mathématiques de réduction de dimensionnalité, permettant ainsi de projeter le corpus dans un espace vectoriel de dimension réduite. Le but principal de ces méthodes mathématiques est de construire un modèle simplifié pertinent rendant compte des variations de fréquence, en décorrélant des données multidimensionnelles et en éliminer les dimensions considérées comme « bruitées ». LSA utilise la décomposition en valeurs singulières (SVD), alors que HAL utilise l'analyse en composantes principales (PCA) ; ces deux méthodes mathématiques sont des outils classiques de factorisation de matrices. Le coût calculatoire ainsi que le peu de malléabilité que présentent ces outils de factorisation compliquent l'utilisation de LSA et HAL, comme modèles sémantiques vectoriels.

Différentes mesures de similarité peuvent être utilisées pour approximer la similarité sémantique. Nous pouvons citer, entre autres, le coefficient de Dice et l'indice de Jaccard. En fouille de texte, on utilise classiquement la mesure cosinus de l'angle entre deux vecteurs, représentant deux mots ou deux groupes de mots.

Nous avons choisi d'utiliser Reflective Random Indexing (Cohen *et al.*, 2010), variante de Random Indexing, comme méthode de construction d'espace sémantique. Le but RI est d'aboutir à une réduction de la dimensionalité sans la complexité calculatoire d'outils de factorisation de matrices. Ainsi, RI ne passe pas par la construction de matrices d'occurrences, mais construit directement l'espace des « concepts » dit espace sémantique ; en se basant sur le lemme de Johnson-Lindenstrauss (Vempala, 2004; Bingham & Mannila, 2001). Ce lemme stipule qu'un ensemble de vecteurs de grande dimension peuvent être projetés orthogonalement dans un sous-espace de dimension réduite par une matrice de projection aléatoire tout en préservant les distances à une petite distorsion près.

Soit $0 < \epsilon < 1$, $y_1, ..., y_N$ un ensemble de vecteurs de $\mathbb{R}^d$ et R une matrice de projection orthogonale telle que ses éléments sont indépendamment et identiquement distribués selon une loi normale centrée réduite.

La construction de l'espace sémantique de dimension par Random Indexing se fait par la mise en œuvre de l'algorithme suivant :

- Créer une matrice A de taille $d \times k$ contenant les vecteurs indexes, où d est le nombre de documents ou de contextes dans le corpus ; ces vecteurs sont creux et identiquement et indépendamment distribués selon une loi normale centrée réduite $[0...0... - 1...0...0...1...0...0]^T$.
- Créer une matrice B de taille $t \times k$ contenant les vecteurs termes, où t est le nombre de termes différents dans le corpus ; ces vecteurs sont initialisés à des valeurs nulles pour débuter la construction de l'espace sémantique.
- Pour tout document du corpus, chaque fois qu'un terme τ apparaît dans un document δ, accumuler le vecteur index de δ au vecteur terme de τ.

L'aspect « Reflective » dans RRI réside dans le fait que les vecteurs-termes sont re-projetés sur les vecteurs indexes. Puis les trois étapes de l'algorithme, plusieurs fois si besoin de plus de précision, l'on arrive à construire un espace de un espace sémantique qui capture les « patrons » essentiels de co-occurrence du corpus et dans lequel termes et documents sont comparables.

Plusieurs implémentations libre de RI sont disponibles, nous utilisons la librairie Semantic Vectors [1] (Widdows & Cohen, 2010).

1. `http://code.google.com/p/semanticvectors/`

4 Détermination des catégories d'un texte

Dans la lignée des méthodes que nous avions utilisé pour les précédentes éditions du DEFT (El Ghali *et al.*, 2012; El Ghali & Hoareau, 2010; Hoareau & El Ghali, 2009), l'approche que nous présentons cette année est basée sur l'exploitation des similarités entre documents dans un espace sémantique construit avec RRI. Pour la tâche 1, il s'agissait d'assigner les sous-catégories pour les textes donnés.

La méthode que nous avons utilisé comporte trois étapes :

1. construire à un espace sémantique avec les documents du corpus d'apprentissage et de test ;
2. calculer une signature "représentative" pour chacune des sous-catégories en utilisant les informations fournies dans le corpus d'apprentissage ;
3. assigner les catégories au documents du corpus d'apprentissage en fonction de leurs similarités aux signatures des sous-catégories.

Construction des espaces sémantiques La construction des espaces sémantiques utilise la méthode RRI décrite dans la section précédente. Nous avons utilisé deux configurations d'espace. La première consistait à mettre l'ensemble des documents du corpus d'apprentissage et du corpus de test dans le même espace, alors que dans la deuxième configuration nous avons créé un espace séparé pour chacune des catégories de haut niveau (Poetik, Chronique, Emotions, Fantastique-SF, Jeunesse, Noir, Autres).

Partant de l'hypothèse que des textes dans la même catégories avaient une identité sémantique propre, nous prévoyions que la deuxième configuration serait plus performantes. Ceci étant dit, le nombre relativement bas de textes dans certaines catégories pouvait amené à une chute de performances dans cette configuration.

Calcul de signature des sous-catégories La signature d'une sous-catégorie est une représentation de la sous-catégorie dans l'espace sémantique représentant les documents. Cette signature doit avoir comme propriété principale d'être comparable aux représentations des documents.

Nous définissons comme signature d'une sous-catégorie C, le vecteur $\vec{v}_C$ obtenu en sommant les vecteurs de tous les documents du corpus d'apprentissage appartenant à cette sous-catégories, éventuellement en y associant un poids correspondant à l'importance de la sous-catégorie donnée par le rang de la catégorie. Formellement, le vecteur d'une sous catégorie se définit comme suit :

$$\vec{v}_C = \sum_{d|d \in C} w_d.\vec{v}_d \text{ ; où } w_d \text{ est le poids de la sous-catégorie pour } d$$

Assignation des sous-catégories L'algorithme d'assignation est des sous-catégories se contente de déterminer les sous-catégories les plus proches pour un document d_t du corpus de test, en se limitant aux sous-catégories C_i dont la distance $d(\vec{d_t}, \vec{C_i})$ est inférieure à la distance maximale entre la signature de C_i et les documents appartenant à C_i. Les sous-catégories sont ordonnées en fonction de leur similarité au document d_t.

5 Détermination du genre poétique

5.1 Versification française

Le vers, en versification française, est mesuré (Sorgel, 1986). Le mètre syllabique est le nombre de syllabes comptées dans un vers. Une syllabe est une unité prosodique, c'est la plus petite unité de combinaisons de sons. Une syllabe est constituée de deux éléments : une attaque, et une rime, formée d'un noyau et d'un coda. L'élément primordial d'une syllabe est son noyau. En français, il s'agit obligatoirement d'un élément vocalique. Dans la versification française, plusieurs règles régissent le compte des syllabes : les élisions de « e caduc », les diérèses, et les synérèses.

Élision des « e caduc » Le « e caduc » désigne la voyelle « e » dont la prononciation varie en fonction de l'environnement syntaxique. On l'associe aux graphies « e », « es » et « ent ». L'élision d'un « e caduc » est une forme d'apocope qui consiste à amuïr cette voyelle. Ainsi, un « e caduc » est élidé :
- systématiquement, en fin de vers ;
- s'il est suivi d'une voyelle ou d'un « h » muet, à l'intérieur du vers ;
- s'il est précédé d'une voyelle, à l'intérieur des mots.

Diérèse et synérèse La diérèse d'une diphtongue est la séparation d'une syllabe en deux par vocalisation d'une spirante. La synérèse d'une diphtongue, par opposition, est la prononciation en une seule syllabe de deux sons voyelles. Les diérèses et synérèses dépendent de critères étymologiques. Théoriquement, une diphtongue comptera donc pour une ou deux syllabes selon qu'elle est issue d'une ou deux syllabes latines (cf. exemples en table 3). Toutefois, dans la pratique, diérèses et synérèses tiennent souvent à la licence poétique, ie les considérations métriques, rythmiques, ou esthétiques du poète.

TABLE 1 – Règles de décompte des syllabes dans les diphtongues, *Traité De Prosodie Classique À L'usage Des Classiques Et Des Dissidents*

Diphtongue	Nombre de syllabes	Exemples
ié	2	les mots en i-é-té : so-bri-é-té
oi	1	Toi, roi, voi-là..
oin	1	Loin
io iau	2	Bri-oche mi-au-ler

Rimes La rime est un élément métrique important en poésie. C'est une homophonie entre les phonèmes à la fin d'au moins deux vers.

Les rimes peuvent être continues (AAAA), plates (AABB), croisées (ABAB), embrassées (ABBA), alternées (ABCABC), en rhythmus tripertitus (AABCCB), ou en rhythmus quadripertitus (AAABCCCB).

On appelle rimes féminines celles se terminant par un « e caduc » et rimes masculines les autres (indépendamment du genre du mot). Rimes masculines et féminines ne peuvent rimer ensemble et doivent être alternées en poésie classique.

On appelle rimes pluriel celles finissant par « s », « x », ou « z » et singulier les autres. On ne peut faire rimer une rime singulier et une rime pluriel.

Quelques figures de style en poésie

L'allitération consiste à répéter une ou d'un groupe de consonnes à l'intérieur d'un vers, majoritairement à l'attaque des syllabes accentuées. En français, les consonnes sont classées en cinq familles permettant les allitérations et quelques isolées : les labiales (b, p, f, m, v), les dentales (d, t, l), palatales (j, g, n), les vélaires (k, g, w) et les uvulaires (r).

L'anaphore consiste à commencer un ou un groupe de vers ou de une phrase par le même mot ou le même syntagme.

L'assonance consiste à répéter une voyelle ou un son vocalique dans des mots proches ; plus spécifiquement, il s'agit de répéter dans un vers le dernier son vocalique non caduc à l'intérieur du vers.

La paronomase consiste à rapprocher des paronymes (des mots ayant des graphies ou/et des prononciations proches).

5.2 Détermination automatique des genres poétiques

Dans ce qui suit, nous appelons invariablement poèmes, tous les documents de nature poétique ; strophe, tout bloc marqué par une ligne blanche ; vers, chaque segment représenté par un retour à la ligne ; rime, toute syllabe de fin de ligne.

Nous choisissons d'adopter une stratégie one-vs-all pour attribuer une sous-catégorie poétique à chaque poème. 7 classifieurs binaires $(f_k)_{k\in[1,7]}$ sont donc construits en utilisant un sous-ensemble de l'ensemble des descripteurs extraits. La sélection de descripteurs pour chaque classifieur se fait par selon la connaissance experte des différentes sous-catégories poétiques. Classiquement, la prédiction de chaque classifieur est associée à un score de confiance, la classe prédite est celle avec le plus haut score de confiance. L'application de ce type de prise de décision pose problème dans notre cas d'étude. En effet, certaines poèmes peuvent appartenir à plusieurs genres poétiques ; par exemple, une fable peut être écrite en prose. Aussi, la prise de décision dans notre système doit donc rendre compte de ce type de cas. Nous choisissons donc d'établir un système de règles pour la prise de décision encodant les interactions entre les différentes sous-catégories poétiques, qui se base sur une connaissance experte du domaine.

5.2.1 Extraction des descripteurs

Pour extraire les descripteurs des poèmes, nous procédons, en premier lieu à un étiquettage morpho-syntaxique des documents. Cela a pour visée de lever l'ambiguïté de certaines terminaisons ; par exemple, la terminaison « ent » dans un verbe est associée à un « e », alors qu'elle est associé à un « en » dans les adverbes. Nous procédons, ensuite, à une phonétisation des poèmes en adoptant un respect strict de la règle d'élision du « e caduc » et des règles de décompte des syllabes dans les diphtongues.

FIGURE 4 – Extraction des descripteurs

Chaque poème d_i est représenté par l'ensemble des descripteurs suivants $F_i^{(j)}$:
- S_i, le nombre de strophes,
- $[V_i^{(1)}, ...V_i^{(S_i)}]$, les nombres de vers pour chaque strophe,
- $[M_i^{(1)}, ...M_i^{(\sum V_i)}]$, le mètre (nombre de syllabes dans chaque vers),
- $[Me_i^{(1)}, ...Me_i^{(S_i)}]$, les métriques moyennes par strophe,
- I_i , l'isométrie (1 si tous les vers ont le même mètre, 0 sinon),
- $[R_i^{(1)}, ...R_i^{(\sum V_i^{(j)})}]$, les rimes,
- $[St_i^{(j)}]$, les indices des strophes répétées dans le poème,
- Al_i, la proportion de d'allitérations,
- An_i, la proportion de d'anaphores,
- As_i , la proportion de d'assonances,
- Pa_i , la proportion de paranomases dans le poème,
- W_i, le nombre moyen de mots avant chaque retour à la ligne,
- P_i, la proportion de retour à la ligne finissant par une marque de ponctuation,
- Rr_i, la proportion de règles de rimes non-respectées dans le poème.

5.2.2 Classifieurs binaires

Classifieur Sonnet Le sonnet est un poème isométrique de quatorze vers, composée de deux quatrains (pièce de quatre vers) suivis de deux tercets (pièce de trois vers). La disposition des rimes est soumise à des règle fixes :
- les deux quatrains sont construits sur le même modèle et sur les mêmes rimes, généralement embrassées (ABBA), plus rarement croisées (ABAB) ;
- le sizain comporte un distique sur une rime et un quatrain aux rimes croisées (CCD EDE) ou embrassées (CCD EED).

Les sonnets irréguliers représentent des altérations de la disposition des quatrains et des tercets (table 2), ou du nombre de rimes : les deux quatrains construit sur 4 rimes au lieu de 2, ou de la métrique (sonnet hétérométrique, sonnet Layé).

Dénomination du type de sonnet	Disposition (Q : Quatrain, T : tercet)
Sonnet à rebours	T/T // Q/Q
Sonnet polaire	Q // T/T // Q
Sonnet alterné	Q/T/Q/T
Sonnet quinzain	Q/Q // T/T // Monostique

TABLE 2 – Formes des sonnets

Pour classer un poème d_i dans la catégorie Sonnet, nous utilisons un arbre de décision, prenant en considération le nombre de strophes S_i, le nombre de vers dans chaque strophe $[V_i^{(1)}, ...V_i^{(S_i)}]$, la disposition des rimes dans chaque strophe $[R_i^{(1)}, ...R_i^{(\sum V_i^{(j)})}]$ (figure 5). Cela permet de représenter toutes les formes de sonnets réguliers et irréguliers listées ci-dessus. Un poème est classé comme Sonnet s'il remplit toutes les conditions suivantes :

– le nombre de strophes est 4 ou 5
– le nombre de vers par strophes correspond à une des formes de la table 2 *ie* [4, 4, 3, 3], [3, 3, 4, 4], [4, 3, 4, 3], [4, 3, 3, 4], [4, 4, 3, 3, 1]
– les rimes de chaque quatrain correspondent au schéma ABBA ou ABAB
– les rimes des tercets correspondent au schéma CCD EDE ou CCD EED ; à noter : dans les sonnets à rebours, les tercets sont retournés, on applique donc un miroir sur le vecteur des rimes.

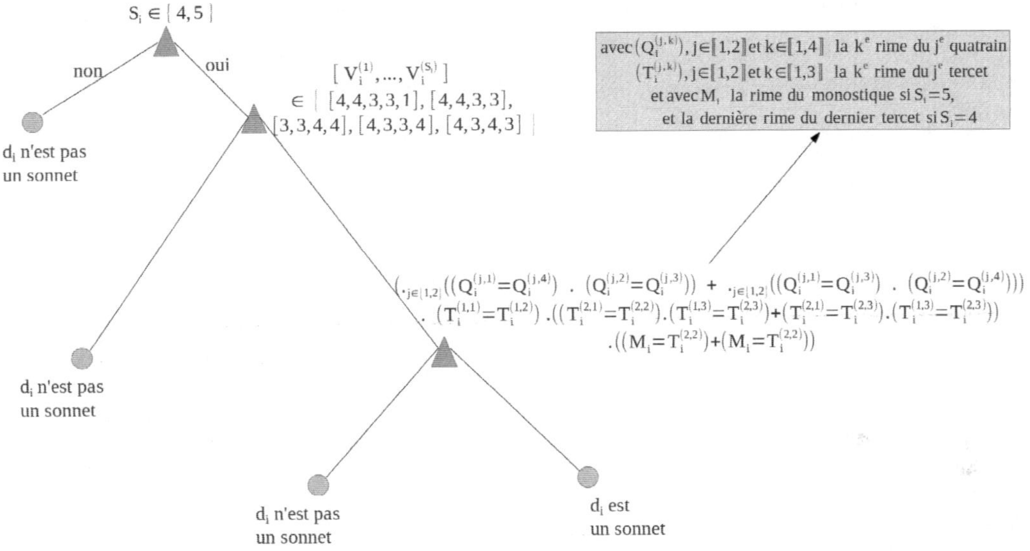

FIGURE 5 – Arbre de décision pour la Classification de Sonnet

Classifieur Haïku Le haïku est un poème d'origine japonaise comportant traditionnellement 17 mores en trois segments 5-7-5. En français, c'est un poème composé de tercets formés d'un heptasyllabe encadrés de deux pentasyllabes. Pour classer un poème d_i dans la catégorie Haïku, nous utilisons un arbre de décision, prenant en considération le nombre de strophes S_i, le nombre de vers dans chaque strophe $[V_i^{(1)}, ...V_i^{(S_i)}]$, le mètre de chaque vers $[M_i^{(1)}, ...M_i^{(\sum V_i)}]$ (figure 6). Un poème est classé comme Haïku si :

– $[V_i^{(1)}, ...V_i^{(S_i)}]$ est constant et égal à 3,
– $M_i^{(1)} = \begin{cases} 7 & \text{si } j = 2 \\ 5 & \text{sinon.} \end{cases}$

Classifieur Alexandrin L'alexandrin est un vers formé de deux hémistiches de six syllabes chacun, s'articulant à la césure. L'alexandrin classique présente une césure centrale fixe correspondant à une pause grammaticale ; et précédée d'une

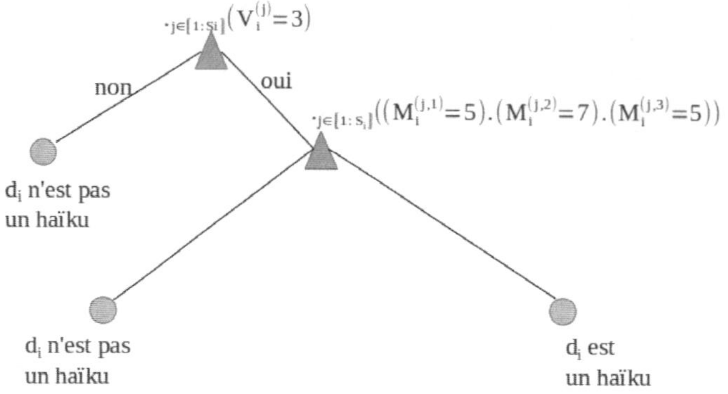

FIGURE 6 – Arbre de décision pour la Classification de Haïku

voyelle tonique, et ne tolère donc pas d'être précédée d'une syllabe féminine surnuméraire. Ces règles sont, toutefois, affaiblies dans l'alexandrin romantique ; des césures illicites dans le modèle classique peuvent ainsi être acceptées.

Pour classer un poème d_i dans la catégorie Alexandrin, nous utilisons un arbre de décision, prenant en considération le nombre de vers dans chaque strophe $[V_i^{(1)}, ...V_i^{(S_i)}]$, le mètre de chaque vers $[M_i^{(1)}, ...M_i^{(\sum V_i)}]$. Un poème est classé comme Alexandrin, si :
- Rs_i est égale à 1,
- $[M_i^{(1)}, ...M_i^{(\sum V_i)}]$ est constant et égal à 12.

Classifieur Prose Les poèmes en prose n'ont pas la forme d'un poème, ie qu'ils ne sont découpés ni en strophes, ni en vers. Ils se caractérisent par une recherche de rythme dans les phrases. Il n'y a pas de rimes mais une recherche d'écho sonore avec allitération, assonance et rimes intérieures. Pour classer un poème d_i dans la catégorie Prose, nous utilisons un classifieur bayésien naïf, prenant en considération le nombre moyen de mots avant chaque retour à la ligne W_i, la proportion de retour à la ligne finissant par une marque de ponctuation P_i. Il s'agit, en fait, d'estimer les paramètres des densités de probabilités de chaque descripteur à partir des données du corpus d'apprentissage et de calculer le log de vraisemblance d'appartenance à la sous-catégorie Prose a posteriori des poèmes du corpus de test :

$$ln\frac{p(Prose/d_i)}{p(\neg Prose/d_i)} = ln\frac{p(Prose)}{p(\neg Prose)} \sum_{\lambda\in\Lambda} ln\frac{p(\lambda/Prose)}{p(\lambda/\neg Prose)}, \text{ où : } \Lambda = \{W, P, Rr\}$$

Vers libres La poésie libre ne répond pas à une structure régulière ; n'obéissant ni à la métrie, ni à la régularité des strophes, ni aux règles concernant les rimes. Elle cherche néanmoins une cohérence rythmique.

Pour classer un document d_i dans la catégorie Vers libres, nous prenons en considération la régularité des strophes $\frac{1}{S_i}\sum_{j=1}^{S_i} {V_i^{(j)}}^2 - (\sum_{j=1}^{S_i} V_i^{(j)})^2$, la variabilité du mètre $\frac{1}{\sum V_i^{(j)}}\sum_{j=1}^{S_i} {V_i^{(j)}}^2 - (\sum_{j=1}^{S_i} M_i^{(j)})^2$, la proportion de règles de rimes non-respectées dans le poème R_r.

Fable Une fable est un court récit en vers ou occasionnellement en prose qui vise à donner de façon plaisante une leçon de vie. Elle se caractérise souvent par la mise en scène d'animaux qui parlent mais peut également mettre en scène d'autres entités ou des êtres humains. Elle a pour but d'exprimer une morale à la fin ou au début de la fable quand elle n'est pas implicite.

Pour classer un document d_i dans la catégorie Fable, nous utilisons un classifieur bayésien naïf, prenant en considération la longueur du poème $\sum_{i=1}^{S_i} V_i^{(j)}$, la proportion de règles de rimes non-respectées dans le poème R_r, l'isométrie I_i.

Chanson La chanson est un poème à chanter composé de stances égales appelées couplets, séparées généralement par un leitmotiv, le refrain.

Pour classer un document d_i dans la catégorie Chanson, nous utilisons un classifieur bayésien naïf, prenant en considération la proportion de strophes répétées $\frac{|(St_i^{(j)})|}{S_i}$ et la régularité des strophes non-répétées :

Comptine Les comptines sont des textes à dire ou à chanter ; elles sont caractérisées par de courtes séquences à construction rythmée.

Pour classer un document dans la catégorie Comptine, nous utilisons un classifieur bayésien naïf, prenant en considération la longueur du poème $\sum_{j=1}^{S_i} V_i^{(j)}$, et les moments d'ordre 0 et 1 du mètre $[M_i^{(1)}, ...M_i^{(\sum V_i)}]$.

Slam Le slam est une forme de poésie orale. Apparentés au « *spoken word* », les slams sont des textes destinés à être lus, essentiellement scandés ; jouant avec l'harmonie imitative, avec allitérations, assonances, et paronomases.

Pour classer un document d_i dans la catégorie Slam, nous utilisons un classifieur bayésien naïf, prenant en considération la proportion d'allitérations Al_i, la proportion d'anaphores An_i, la proportion d'assonances As_i, la proportion de paranomases Pa_i.

6 Assigner la session à un article

La tâche 4 avait pour but d'assigner à chaque article du corpus de test la session à laquelle il était présenté. Nous disposions des textes des articles, de leurs mots clés ainsi que du nombre d'articles par session.

Au lieu de considérer cette tâche comme une tâche de catégorisation, nous avons opté pour une méthode légèrement différente : la considérer comme une tâche de clustering contraint s'inspirant de (Wagstaff *et al.*, 2001) et de (Bilenko *et al.*, 2004). Nous avons donc implanté une variante de COP-K-means, dans laquelle nous avons intégrés la contrainte du nombre de d'articles par session.

K-Means est un algorithme de partitionnement de données basé sur la construction d'une partition de Voronoï de taille K générée par les moyennes et la mise à jour des barycentres de chaque cluster. Il s'agit, en fait, d'une optimisation locale de la somme des moindres carrés entre chaque point et le barycentre du cluster auquel il appartient. Une classification par K-means sous contraintes binaires peut être formulée sous forme d'une optimisation multi-objectif. En effet, si l'on associe un coût à la violation de chacune des contraintes binaires, l'algorithme COP-K-means peut être traduit comme une optimisation locale de moindres carrés régularisés.

Étant donné un ensemble de documents. L'algorithme se présente comme suit :
- Initialiser les barycentres des clusters
- Répéter jusqu'à convergence ;
  - assigner à chaque document son cluster le plus proche qui minimise le coût de violation des contraintes ;
  - mettre à jour le barycentre de chaque cluster ;

L'initialisation des clusters a été effectué en utilisant la proximité dans l'espace sémantique entre les termes des noms de sessions et les articles. Et nous avons utilisé deux types de contraintes : (i) le nombre d'articles par session ; (ii) les distances entre documents comme coût de violation des contraintes "must-link", "cannot-link".

7 Détails des soumissions

Nous avons soumis trois exécutions, une pour la tâche 4 et deux pour la tâche 1 dans lesquelles nous avons fait varier les caractéristiques des espaces sémantiques et le calcul de signature.

Ces exécutions sont résumées dans le tableau ci-dessous :

TABLE 3 – Détail des soumissions

ID	score	Détail de la soumission
19-1-1	0.4278	Espace sémantique commun à toutes les catégories de haut-niveau ; signature de sous-catégorie non pondérée ($w_i = 1$)
19-1-2	0.2599	Espace sémantique séparé pour chacune des catégories de haut-niveau ; signature de sous-catégorie pondérée par le rang
19-4-1	1	Espace sémantique par édition ;

8 Conclusions

Dans cette édition du DEFT'14, nous avons abordé les tâches 1 et 4 en utilisant comme base des systèmes que nous avions développé pour les précédentes éditions du DEFT. Dans ces méthodes, l'élément central est la représentation des documents dans des espaces sémantiques de grande dimensions, qui permet de comparer les documents entre eux, mais aussi d'abstraire des représentations pour des catégories qui sont elle-mêmes comparables aux documents.

La particularité des tâches de cette édition nous a permis d'enrichir notre panoplie avec une nouvelle méthode de clustering sous contraintes et une approche pour la formalisation des genres poétiques.

Références

BILENKO M., BASU S. & MOONEY R. J. (2004). Integrating constraints and metric learning in semi-supervised clustering. In *Proceedings of 21st International Conference on Machine Learning (ICML-2004)*, p. 81–88, Banff, Canada.

BINGHAM E. & MANNILA H. (2001). Random projection in dimensionality reduction : Applications to image and text data. In *in Knowledge Discovery and Data Mining*, p. 245–250 : ACM Press.

COHEN T., SCHVANEVELDT R. & WIDDOWS D. (2010). Reflective random indexing and indirect inference : A scalable method for the discovery of implicit connections. *Biomed Inform*, **43**(2), 240–256.

EL GHALI A. & HOAREAU Y. V. (2010). μ-alida : expérimentations autour de la catégorisation multi-classes basée sur alida. In *Actes de l'atelier DEFT'2010*, Montreal, Canada.

EL GHALI A., HROMADA D. & EL GHALI K. (2012). Enrichir et raisonner sur des espaces sémantiques pour l'attribution de mots-clés. In *JEP-TALN-RECITAL 2012, Atelier DEFT 2012 : DÉfi Fouille de Textes*, p. 77–90, Grenoble, France : ATALA/AFCP.

HOAREAU Y. V. & EL GHALI A. (2009). Approche multi-traces et catégorisation de textes avec Random Indexing. In *Dans les actes de atelier de clôture de l'édition 2009 du défi fouille de texte*, Paris, France.

KANERVA P., KRISTOFERSON J. & HOLST A. (2000). Random Indexing of Text Samples for Latent Semantic Analysis. In L. GLEITMAN & A. JOSH, Eds., *Proceedings of the 22nd Annual Conference of the Cognitive Science Society*, Mahwah : Lawrence Erlbaum Associates.

LANDAUER T. K. & DUMAIS S. T. (1997). A Solution to Plato's Problem : The Latent Semantic Analysis Theory of Acquisition, Induction and Representation of Knowledge. *Psychological Review*, **104**(2), 211–240.

LUND K. & BURGESS C. (1996). Producing high-dimensional semantic space from lexical co-occurence. *Behavior research methods, instruments & computers*, **28**(2), 203–208.

SORGEL G. (1986). *Traité de prosodie classique à l'usage des classiques et des dissidents*. La nouvelle proue. Association "Les Amis de Marcel Chabot.

VEMPALA S. S. (2004). *The Random Projection Method*, volume 65 of *DIMACS Series in Discrete Mathematics and Theoretical Computer Science*. American Mathematical Society.

WAGSTAFF K., CARDIE C., ROGERS S. & SCHROEDL S. (2001). Constrained k-means clustering with background knowledge. In *In ICML*, p. 577–584 : Morgan Kaufmann.

WIDDOWS D. & COHEN T. (2010). The semantic vectors package : New algorithms and public tools for distributional semantics. In *Proceedings of the Fourth IEEE International Conference on Semantic Computing (IEEE ICSC2010)*.

Genre classification using Balanced Winnow in the DEFT 2014 challenge

Eva D'hondt
LIMSI–CNRS, Rue John von Neumann, 91405 Orsay
eva.dhondt@limsi.fr

Résumé. Dans ce rapport, nous présentons le travail effectué sur la première tâche du challenge DEFT 2014. Cette édition portait sur la classification de genre pour des textes littéraires français. Dans notre approche, nous avons développé trois types de caractéristiques : des mots lemmatisés, des caractéristiques stylometric et des caractéristiques intègrant une certaine forme de connaissance du monde. Nos expériences de classification ont été effectuées à l'aide de l'algorithme de classification 'Balanced Winnow'. Les meilleurs résultats ont été obtenus par la combinaison des trois types de caractéristiques.

Abstract. In this report we present the work done on the first subtask of the DEFT 2014 challenge which dealt with genre classification of French literary texts. In our approach we developed three types of features : lemmatized words, stylometric features and features that incorporate some form of world knowledge. Subsequent classification experiments were performed using the Balanced Winnow classifier. We submitted three different runs of which the best-scoring one combined all features.

Mots-clés : catégorisation de text, DEFT, genre littéraire.

Keywords: text classification, DEFT, literary genre.

1 Introduction

DEFT (Défi Fouille de Textes) is a yearly competition which focuses on text mining of French texts. Each year the DEFT organisers present multiple text mining tasks within a different domain. This year's challenge focused on the processing and mining of French literary and scientific texts. Like last year the organisers developed 4 separate tasks. In this article we report our participation in the first task : genre classification of literary short stories and poems.

Genre classification is a task which focuses on both the *content* and the *structure* of the given texts : While some literary genres have fixed and recurring themes – for example, a police novel will often contain words such as 'crime', 'victim', 'chase', ... – other genres such as poetry employ less fixed theme sets. To correctly recognise these literary genres, features must be devised that capture differences in the distribution of punctuation and other style elements between the different genres.

Over the last forty years there has been considerable work done on genre classification. (Kessler *et al.*, 1997; Stamatatos *et al.*, 2000; Finn & Kushmerick, 2006) However, such studies often use a fairly broad definition of genre, and consequently need to differentiate between very different types of texts from both written and spoken language, prose and poetry, ... The task presented in this DEFT challenge is more fine-grained as it concerns different categories of written texts within the literary domain. Moreover, in this DEFT challenge, documents can belong to multiple categories rendering it a multilabel, multicategory classification task.

2 Corpus Description

The data of this year's track was furnished by Short Edition, a printing house specializing in 'short literature' such as short stories and poetry. The training data provided consists of 2328 documents in XML format. Each document has been manually labeled by the editors at Short Edition and contains at least 1 and at most 5 labels. The majority of the training documents (64%) contain 2 subcategory labels.

The classification scheme is organised as follows : Each document belongs to one or more subcategories which themselves fall within sections. The main category ('type') of document is given as part of the training information. A document can only be of one type : Either 'très très court', 'poème' or 'nouvelles'.

In total there are 7 sections ('poésie','autres','émotions','chronique','noir','jeunesse','fantastique-sf') and a total of 45 subcategories (here ordered per section) :

- Poésie : alexandrins, chanson, haikus, slam, sonnets, vers libres, prose, comptine et fable ;
- Chronique : arts, gastronomie, histoire, nature, sciences - médical, société, spiritualité, sport, voyage ;
- Emotions : amitié, colère, drame, enfance, erotisme, famille, humour, instant de vie, mélancolie - solitude, nostalgie - souvenirs, romance ;
- Fantastique-SF : ésotérique, fantasy, merveilleux, science-fiction, surnaturel ;
- Jeunesse : jeunesse ;
- Noir : aventure, horreur, policier, suspens, thriller ;
- Autres : allégorie, conte, fantaisiste, lettre, autre.

As a subcategory can only fall within one section these dependencies could be used to build hierarchical classifiers. This is left to future work however ; The experiments reported in this paper only deal with 'flat' classification, i.e. classification between the different subcategories.

There is a clear imbalance in size between the different subcategories : Both the 'instant de vie' and 'vers libres' labels occur more then 1000 times in the training corpus, and up to a third of all the training documents carry 'société', 'romance' or 'drame' labels.

The 995 test documents were only released during the testing phase of the competition. After the track was closed we look at the label distribution within this set and found it to be similar to that of the training corpus.

3 Data processing and feature generation

We extracted the text from the title, content and type fields in the original XML documents. The content field contained formatting information as well as free text which enabled us to calculate statistics on line length and other formatting choices (see infra). We created and extracted three different types of features :

3.1 Bag of Words

The title and text from the content field were tokenized and lemmatized using Treetagger for French. Where Treetagger was not able to provide a lemma, the original word form was used. Over all, Treetagger proved very successful : 92% of words in the training corpus were lemmatised. The output of the lemmatisation process was then used as bag-of-words features in the subsequent experiments. Please note that we include the type information of the document as part of the bag-of-words features in the experiments.

3.2 Stylometric features

Since the original formatting information was available in the form of XML tags for line breaks, paragraphs, ... , we were able to calculate the following stylometric statistics :

- average sentence length (in number of words) ;
- average line length (in number of words) ;
- average paragraph length (in number of words) ;
- number of paragraphs ;
- average number of punctuation marks used per sentence.

All measures were binned and used as separate features in training experiments. [1] Experiments on the training set showed that especially the metrics on average line length and number of paragraphs prove useful, mostly in distinguishing between the more structured poems and longer running texts.

1. All training experiments were conducted using 5-fold cross-validation on the entire training corpus.

3.3 World knowledge features

We calculated three additional features that used some form of world knowledge to add information to the text :

Number of emotive words in the document We counted the number of emotion words using a self-defined list of French words denoting emotion. [2] This count was then normalized against the total number of words in the document and binned. Training experiments showed that this feature was useful to distinguish subcategories of the 'émotion' section from other subcategories.

Number of stopwords in the document Using the french stopword list from the NLTK package we calculated a similar metric to the one reported above. This metric did not prove informative during training experiments.

Part-of-Speech tags Next to the lemmatized words we allowed the PoS tags derived by Treetagger as to be used as classification features. During training experiments we found a slight improvement by only adding NOUN, VERB and ADJECTIVE tags. [3]

4 Balanced Winnow algorithm

All experiments were performed using the Balanced Winnow algorithm as implemented in the Linguistic Classification System (Koster *et al.*, 2001), hereafter referred to as LCS. Balanced Winnow is one of the lesser known classification algorithms. It is akin to the Perceptron algorithm. During training it learns two weights (positive and negative) for each feature t per subcategory c. The difference between the positive and negative weight is the effective (Winnow) weight of a feature. During the training phase, the Winnow algorithm assigns labels to training documents. If the document is assigned a correct label, the feature weights are not changed. If the document is assigned an erroneous label, the positive weights for the active features, that lead to the mistake, will be demoted, while their negative weights are promoted. If a document is not assigned the correct subcategory label, the positive weights for the active features in that subcategory will be promoted while the negative weights are demoted, thus making it more likely to arrive at the correct classification in the next training iteration. At testing time, the sum of the Winnow weights of the active features for the test document determine the Winnow score per subcategory. The Winnow algorithm has been used in multiple text classification task and proven particularly succesful in classification tasks with a larger number of features (D'hondt *et al.*, 2013).

5 Submitted runs

For the official evaluation we submitted three runs with the following three configurations :

Run 1 Bag-of-Words features only ;

Run 2 Bag-of-Words + average line length + number of paragraphs + stopword ratio + emotion ratio ;

Run 3 Bag-of-Words + average line length + number of paragraphs + stopword ratio + emotion ratio + PoS features (only nouns, verbs and adjectives).

For each run we optimized the LCS parameters on a held-out set of the training data. We also configured the LCS to return at least 1 and most 5 labels per test document in the output but only if these subcategory labels had a Winnow weight higher than a cut-off rate of 0.8. We used the order in which subcategory labels were returned by the classifiers to determine the rankings in the submitted runs.

The runs were evaluated by the track organisers using the normalized discounted cumulative gain (nDCG) measure. This metric measures the performance of a system based on the graded relevance of the returned subcategory labels where a higher-ranked relevant label has a greater impact on the ultimate score then a lower-ranked relevant label.

To give an idea of the difficulty of the task we have included two other traditional measures from Information Retrieval : Precision and Recall.

The submitted runs resulted in the following scores :

2. Based on the list found at `https://fbcdn-sphotos-e-a.akamaihd.net/hphotos-ak-prn1/16290_539895756057646_1977252385_n.png`

3. For greater generality we converted the Treetagger tags to their generic categories, e.g. 'VER :futu' to 'VERB'.

Runs	nDCG of submitted run	Precision	Recall
Run 1	0.3817	0.4493	0.3116
Run 2	0.3800	0.4359	0.3248
Run 3	0.3900	0.4619	0.3216

TABLE 1 – Results of submitted runs to genre classification subtask.

We did not see any significant improvement from either the stylometric features or the added PoS features, although the latter lead to the best result. Compared to the other two participants in the track we achieved the lowest scores. The highest-scoring submitted run in the competition achieved a nDCG of 0.5248.

In preparation for this report we performed a post-run analysis of Run 3 output and subcategory models to gain a better understanding why the classification results are low. We found several contributing factors : First, the classification output for the run showed that on average 1.6 labels per document were returned. This indicates that our cut-off was set too high which caused many potentially relevant subcategory labels to be dismissed. Furthermore, selecting only a subset of the output to be evaluated is good practice when trying to attain high Precision scores but detrimental to nDCG scores : A relevant document at a low rank will still contribute to the overall cumulative score, while an irrelevant document does not have a negative impact. Therefore, to improve nDCG scores it is better to evaluate on the full rankings, rather than a subset. We consequently reconfigured the LCS to output full rankings, i.e. for each document it returns scores for all 45 subcategories, and reran our experiments. This resulted in much better nDCG scores which even surpassed the highest official score :

Runs	nDCG of submitted run	nDGC of rerun
Run 1	0.3817	0.6311
Run 2	0.3800	0.6233
Run 3	0.3900	0.6333

TABLE 2 – Comparison of submitted runs and scores of reruns.

Please note that these experiments used the same models as in the official runs : We did not retrain the classifiers but only changed the output configuration of the LCS. The Precision and Recall scores remain the same as reported in Table 5.

Second, we found that the Precision and Recall scores differed greatly between subcategories. Subcategories with a lot of training material like 'instant de vie' and 'vers libres' which together make up about half of the training material, have large, well balanced models while smaller categories like 'haikus' have too little training material to construct adequate models. A further complicating factor is the fact that the corpus is multilabel : Most of the documents that carry the label of an infrequent subcategory are also labeled for one of the larger subcategories. This affects training as it means that the document can no longer be used as negative training material to distinguish the smaller subcategory from its larger counterpart.

Close examination of the classification models [4] shows that the constructed stylometric features prove informative for some categories. For example, the high ratio of stopwords in a document proved a determining feature to distinguish haikus from the rest of the corpus. However, the impact of these features is limited to only a handful of subcategory models. We suspect that our binning method is too crude and valuable information is lost in mapping the calculated ratios to nominal features. As the LCS can only classify using nominal features, future experiments will be be conducted using another classification method.

Références

D'HONDT E., VERBERNE S., KOSTER C. & BOVES L. (2013). Text Representations for Patent Classification. *Computational Linguistics*, **39**(3), 755–775.

FINN A. & KUSHMERICK N. (2006). Learning to classify documents according to genre. *Journal of The American Society for Information Science and Technology*, **57**, 1506–1518.

4. LCS produces human-readable lists of features which associated Winnow weights.

KESSLER B., NUMBERG G. & SCHÜTZE H. (1997). Automatic detection of text genre. In *Proceedings of the 35th Annual Meeting of the Association for Computational Linguistics and Eighth Conference of the European Chapter of the Association for Computational Linguistics*, p. 32–38 : Association for Computational Linguistics.

KOSTER C., SEUTTER M. & BENEY J. (2001). Classifying patent applications with winnow. In *Proceedings Benelearn 2001*, p. 19–26, Antwerpen.

STAMATATOS E., FAKOTAKIS N. & KOKKINAKIS G. (2000). Automatic text categorization in terms of genre and author. *Computational linguistics*, **26**(4), 471–495.

Catégorisation sémantique fine des expressions d'opinion pour la détection de consensus

Farah Benamara[1] Véronique Moriceau[2] Yvette Yannick Mathieu[3]
(1) IRIT-CNRS, Université Paul Sabatier, 31062 Toulouse
(2) LIMSI-CNRS, Université Paris-Sud, 91403 Orsay
(3) LLF-CNRS, Université Paris Diderot, 75013 Paris
benamara@irit.fr, moriceau@limsi.fr, yannick.mathieu@linguist.jussieu.fr

Résumé. Dans cet article, nous présentons notre participation aux tâches 2 et 3 de DEFT 2014. Ces tâches consistaient respectivement à évaluer la qualité littéraire de nouvelles courtes en prédisant la note que donnerait un juge humain et à déterminer, pour chacune des nouvelles, si elle est consensuelle auprès des différents relecteurs. Pour ces tâches, nous avons utilisé une approche par apprentissage automatique qui s'appuie sur un lexique d'opinions fournissant une catégorisation sémantique fine des expressions d'opinion en français.

Abstract. In this paper, we present our participation to the tasks 2 and 3 of DEFT 2014. These tasks consisted in evaluating the quality of short stories by predicting the score that a human reviewer would give and in determining, for each short story, if it is consensual for the different reviewers. For these tasks, we used a machine-learning approach based on a French lexicon of opinion expressions where each entry is associated with a fine-grained semantic categorization.

Mots-clés : Lexique d'opinion, classification d'opinion multi-échelle, détection de consensus.

Keywords: Lexicon-based opinion mining, multi-scale rating, consensus detection.

1 Introduction

L'édition 2014 du Défi Fouille de Textes (DEFT) était consacrée en partie à l'analyse de textes littéraires, à savoir des nouvelles courtes. Dans un premier temps, la tâche 2 consistait à évaluer la qualité littéraire de nouvelles courtes en prédisant les notes données par des juges humains (relecteurs), ces notes se trouvant sur une échelle allant de 1 (meilleure note) à 5 (moins bonne note). Ensuite, une fois ces notes prédites, la tâche 3 consistait à déterminer, pour chaque nouvelle, si elle fait consensus auprès des différents relecteurs. Une nouvelle est considérée comme consensuelle si les notes attribuées par les différents relecteurs ne varient pas au-delà d'un écart de 1 point.

Pour ces deux tâches, nous avons utilisé une approche par apprentissage automatique. Afin de prédire les notes données à chaque nouvelle par les différents relecteurs, nous avons tout d'abord projeté un lexique d'opinion sur les commentaires textuels (relectures) écrits par les relecteurs. Cette projection du lexique nous a permis de définir un certain nombre de traits que nous avons utilisés pour l'apprentissage automatique.

Dans cet article, nous commençons par décrire le lexique d'opinion que nous avons utilisé puis comment nous l'avons projeté sur les différentes relectures du corpus. Nous présentons ensuite en détail les différents traits que nous avons définis pour l'apprentissage automatique afin de prédire les notes des relecteurs et le consensus entre eux. Enfin, nous présentons les résultats obtenus lors du défi pour les tâches 2 et 3.

2 Utilisation d'un lexique d'opinion

2.1 Présentation du lexique

Le lexique utilisé est un lexique d'expressions d'opinion désambiguisées en français construit manuellement. Ce lexique a été élaboré à partir d'un premier travail réalisé par (Asher *et al.*, 2008) à partir de l'étude de corpus variés (articles de presse, commentaires web et courrier des lecteurs) puis augmenté dans le cadre du projet DGA-RAPID CASOAR [1]. Dans ce lexique, en plus des informations classiques de polarité et d'intensité, chaque entrée a été classée dans des catégories sémantiques qui sont indépendantes d'une langue donnée et définies dans (Asher *et al.*, 2008). L'approche pour catégoriser les opinions utilise les recherches en sémantique lexicale de (Levin, 1993) et (Wierzbicka, 1987) pour l'anglais et de (Mathieu, 1999) (Mathieu, 2005) pour le français.

Le lexique est composé de verbes, de noms, d'adverbes, d'adjectifs et d'interjections. Deux types de verbes ont été sélectionnés : des verbes qui introduisent des expressions d'opinion et qui reflètent le degré d'implication de la personne qui émet l'opinion (comme *dire, se demander, insister,* etc.), et des verbes qui expriment explicitement et directement une opinion (comme *aimer, blâmer, recommander*).

Chaque entrée du lexique (sauf les adverbes) est associée à l'une des quatre catégories sémantiques de haut niveau suivantes :
- **Reportage** : entrées qui permettent de relater ou d'introduire les opinions des autres ou les siennes, et qui fournissent une évaluation du degré d'implication ou de l'engagement à la fois de la personne qui exprime l'opinion et de son objet, comme le verbe *estimer* dans *les routiers français estiment souffrir d'une fiscalité désavantageuse comparé à leurs rivaux européens* ;
- **Jugement** : entrées qui expriment des évaluations normatives d'objets et d'actions, à l'intérieur desquelles on peut distinguer des jugements reliés aux normes sociales, par exemple les verbes *approuver* et *critiquer* dans *Laurence Parisot approuve la réforme mais critique la méthode*, et des jugements reliés à des normes personnelles comme *C'est un pur chef d'oeuvre* ;
- **Sentiment-appréciation** : entrées qui expriment un sentiment ou une émotion ressentie par une personne, comme *J'ai adoré ce film* ;
- **Conseil** : entrées qui enjoignent de faire ou penser quelque chose, par exemple *Un excellent film à ne pas manquer.*

Chacune de ces catégories est également découpée en 24 sous-catégories. Par exemple, la catégorie *Sentiment-appréciation* regroupe des expressions d'opinion exprimant la colère, l'étonnement, la haine ou la déception (voir (Asher *et al.*, 2009) pour une présentation détaillée des sous-catégories).

Les adverbes sont quant à eux associés à l'une des catégories sémantiques suivantes :
- **Négation** : adverbes qui indiquent principalement des mots de négation. Nous considérons deux types d'adverbes de négation : les mots de négations (comme *ne, sans*) et les quantifieurs de négation (comme *jamais, personne*). Nous considérons également les négations lexicales qui sont des verbes ou des noms qui expriment des négations (comme *manquer de, absence*). Dans ce dernier cas, nous indiquons explicitement si l'entrée lexicale a un emploi de négation.
- **Affirmation** : adverbes qui indiquent une affirmation, comme *absolument, impérativement,* etc. ;
- **Doute** : adverbes qui expriment le doute, comme *probablement, peut-être,* etc. ;
- **Manière** : adverbes qui apportent une indication de manière, comme *admirablement, horriblement,* etc. ;
- **Intensifieur** : adverbes qui regroupent les adverbes de quantité et quelques adverbes de temps comme *toujours, beaucoup, très, peu,* etc.

Seuls les adverbes de manière expriment des opinions. Les autres catégories sont utilisées pour augmenter, diminuer ou inverser la force ou la polarité d'un mot ou d'une expression d'opinion. C'est pourquoi ce type d'adverbe est aussi associé aux mêmes catégories sémantiques que celles utilisées pour les entrées d'autres catégories grammaticales.

En plus de la catégorie sémantique, chaque entrée du lexique est associée à une polarité et une force. La polarité peut avoir trois valeurs : positive, négative ou neutre. Il est important de noter que la polarité neutre ne signifie pas que l'entrée associée est objective mais qu'elle possède une polarité ambiguë, qui peut être positive ou négative selon le contexte (par exemple *froid, ahurissant, bouleversant, délicat*, etc.). Pour la force, les valeurs possibles sont 1, 2 et 3, du plus faible au plus fort. Ainsi pour *bon* la force est de 1, pour *excellent*, elle est de 2, et pour *extraordinaire*, la force est de 3. Ces valeurs s'appliquent également aux expressions de polarité négative. Par exemple *décevant, nul* et *nullissime* ont respectivement

1. projetcasoar.wordpress.com

une force de 1, 2 et 3.

Une entrée peut être un mot (*grotesque, succès*), une expression figée (*bon enfant, haut de gamme*) ou non (*politiquement correct*). Une entrée peut également avoir un seul sens (et donc une polarité et une intensité unique) mais peut aussi avoir plusieurs sens dépendants du contexte : dans ce cas, une entrée peut appartenir à plusieurs catégories sémantiques et avoir des polarités et intensités différentes. Par exemple :

- l'adjectif *acide* a deux sens :
  1. aigre (comme dans *un fruit acide*) : dans ce cas, il appartient à la catégorie *jugement* et a une polarité négative ;
  2. blessant (comme dans *ils ont échangé des propos acides*) : dans ce cas, il appartient à la catégorie *sentiment-appréciation* et a aussi une polarité négative.
- l'adjectif *rigoureux* a deux sens :
  1. qui fait preuve de rigueur (comme dans *un juge rigoureux*) : dans ce cas, il appartient à la catégorie *jugement* et a une polarité positive ;
  2. pénible (comme dans *un hiver rigoureux*) : dans ce cas, il appartient aussi à la catégorie *jugement* mais a une polarité négative.

Le lexique compte au total 2830 entrées lexicales dont 297 expressions composées de plusieurs mots. Le tableau 1 décrit la répartition des entrées lexicales selon la catégorie grammaticale. Le tableau 2 décrit la répartition des entrées lexicales selon la catégorie sémantique.

Catégorie grammaticale	**Nombre d'entrées**
Adjectif	1142
Adverbe	605
Nom	415
Verbe	308
Expression	292
Interjection	62
Conjonction, préposition, pronom	6
TOTAL	2830

TABLE 1 – Répartition des entrées lexicales selon la catégorie grammaticale.

Toutes les catégories grammaticales		**Uniquement les adverbes** (hors *manière*)	
Catégorie sémantique	**Nombre d'entrées**	**Catégorie sémantique**	**Nombre d'entrées**
Reportage	65	Doute	17
Jugement	2234	Intensité	107
Sentiment	407	Négation	23
Conseil	26	Affirmation	37
TOTAL	2732	**TOTAL**	184

TABLE 2 – Répartition des sens des entrées lexicales selon la catégorie sémantique.

2.2 Projection du lexique sur les documents

Chaque document du corpus pour les tâches 2 et 3 est composé d'une nouvelle courte et d'une ou plusieurs relectures sous forme d'un commentaire textuel et d'une note de 1 (meilleure note) à 5 (moins bonne note). Les notes ne sont fournies que pour le corpus d'apprentissage, ce sont ces notes qu'il faut prédire lors de la phase de test. Le format des relectures est donné dans la figure 1.

Pour prédire les notes données par les relecteurs, nous avons choisi de nous intéresser aux commentaires textuels, en particulier aux opinions qu'ils véhiculent. Pour cela, nous avons projeté le lexique décrit précédemment sur les commentaires.

Nous avons dans un premier temps utilisé l'analyseur syntaxique XIP (Aït-Mokhtar *et al.*, 2002) pour lemmatiser les commentaires et ainsi projeter les entrées lemmatisées du lexique. Grâce aux dépendances syntaxiques fournies, nous

```
<reviews>
<review>
<id>1</id>
<uid>12100</uid>
<content>intéressant au départ, décevant au final</content>
<note>4</note>
</review>
</reviews>
```

FIGURE 1 – Format d'une relecture dans le corpus.

avons aussi récupéré les différentes négations et les éléments qui se trouvent dans leur portée (*ne... pas, ne... plus, ne... jamais, ne... rien, sans, aucun*). Ceci va permettre d'inverser les polarités d'expressions d'opinion qui se trouvent dans la portée d'une négation [2].

Pour les expressions composées de plusieurs mots, nous avons toléré l'insertion de 15 caractères entre deux mots afin de permettre la reconnaissance d'expressions non figées (par exemple, *sans (aucun | l'ombre d'un) doute*).

Même si XIP fournit les catégories morphosyntaxiques des mots et qu'elles sont aussi disponibles dans le lexique, nous avons choisi de ne pas en tenir compte étant donné le nombre d'erreurs possibles lors de l'analyse syntaxique.

Finalement, ont été projetés sur les lemmes des commentaires appartenant au lexique leur catégorie sémantique et leur polarité. Si un lemme est associé à plusieurs sens dans le lexique, nous avons projeté toutes les polarités des différents sens possibles.

Les exemples suivants montrent le résultat de la projection sur différents commentaires, contenant entre autres des négations et des mots à polarité ambiguë.

```
<content>frais, efficace et sympathique</content>
<phrase id="1">
  <lemme pos='ADJ' neg='0' category='évaluation' type='jugement' pol='pos' strength='1'>
   frais
  </lemme>
  <lemme pos='ADJ' neg='0' category='évaluation' type='jugement' pol='pos' strength='1'>
   efficace
  </lemme>
  <lemme pos='CONJ' neg='0'>et</lemme>
  <lemme pos='ADJ' neg='0' category='évaluation' type='jugement' pol='pos' strength='1'>
   sympathique
  </lemme>
</phrase>
```

```
<content>Aucune qualité d'écriture.</content>
<phrase id="1">
  <lemme pos='PRO' neg='1' category='négation' subcategory='nég' type='shifter'>aucun</lemme>
  <lemme pos='NOM' neg='1' category='évaluation' type='jugement' pol='pos' strenght='1'>
   qualité
  </lemme>
  <lemme pos='PREP' neg='0'>de</lemme>
  <lemme pos='NOM' neg='0'>écriture</lemme>
</phrase>
```

2. Notre traitement des négations est un simple renversement de polarité. Ceci n'est évidemment pas satisfaisant pour des expressions d'opinion forte, comme *excellent* où la négation n'exprime pas une opinion négative. Voir (Benamara *et al.*, 2012) pour une analyse fine des effets de la négation sur les expressions d'opinion.

```
<content>Je n'ai pas tout compris mais j'ai été sensible à la folie de ce poème.</content>
<phrase id="1">
 <lemme pos='PRO' neg='0'>je</lemme>
 <lemme pos='ADV' neg='1' category='négation' subcategory='nég' type='shifter'>ne</lemme>
 <lemme pos='V' neg='1'>avoir</lemme>
 <lemme pos='ADV' neg='1' category='négation' subcategory='nég' type='shifter'>pas</lemme>
 <lemme pos='ADV' neg='0'>tout</lemme>
 <lemme pos='V' neg='0' category='louer' type='jugement' pol='pos' strength='1'>
  comprendre
 </lemme>
 <lemme pos='CONJ' neg='0'>mais</lemme>
 <lemme pos='PRO' neg='0'>je</lemme>
 <lemme pos='V' neg='1'>avoir</lemme>
 <lemme pos='V' neg='0'>été</lemme>
 <lemme pos='ADJ' neg='0' category='évaluation' type='jugement' pol='pos_neutre_neg'
 strength='1'>
  sensible
 </lemme>
 <lemme pos='PREP' neg='0'>à</lemme>
 <lemme pos='DET' neg='0'>le</lemme>
 <lemme pos='NOM' neg='0' category='évaluation' type='jugement' pol='neg' strength='1'>
  folie
 </lemme>
 <lemme pos='PREP' neg='0'>de</lemme>
 <lemme pos='PRO' neg='0'>ce</lemme>
 <lemme pos='NOM' neg='0'>poème</lemme>
</phrase>
```

3 Prédiction des notes attribuées par les relecteurs et consensus

Nous avons utilisé une approche par apprentissage automatique pour prédire les notes des relectures (tâche 2) en s'appuyant sur les informations fournies par la projection du lexique sur les commentaires. Pour le calcul du consensus, nous avons considéré, comme cela était indiqué dans la définition de la tâche 3, qu'une nouvelle fait consensus auprès des relecteurs si les notes prédites lors de la tâche 2 ne varient pas au-delà d'un écart de 1 point.

3.1 Traits et classifieurs utilisés

A partir des informations fournies par la projection du lexique sur les commentaires, nous avons défini un certain nombre de traits de plusieurs types pour chaque relecture :

- **les traits stylistiques** :
  - présence et nombre de ponctuations (?, !, "", ...), de répétition de caractères (comme *supeeerrr*) et de mots en majuscule ;

- **les traits lexicaux** :
  - nombre de phrases,
  - nombre de mots,
  - nombre de négations,
  - présence et nombre de marqueurs de contrastes (comme *mais, en revanche, cependant, etc.*). Les connecteurs discursifs de contraste ont été extraits du lexique LEXCONN (Roze *et al.*, 2012),
  - nombre de modalité. Nous considérons ici différents types de modalité : les adverbes de doute et les adverbes d'affirmation ainsi que des verbes à emploi modal comme *espérer, pouvoir, devoir, supposer, croire, etc.* ;

- **les traits concernant directement les opinions** :
  - présence et nombre de mots ou expressions de type *reportage*,
  - nombres de polarités positives/négatives/neutres/ambiguës. En plus de la projection des mots du lexique, nous avons considéré des heuristiques simples à base de règles pour renverser la polarité de mots sous la portée d'une négation ou pour prendre en compte de nouveaux mots non présents dans le lexique. Par exemple, soit m un mot non présent dans le lexique et soit o_+ un mot d'opinion de polarité positive présent dans le lexique. Nos règles permettent de gérer des cas comme :
    si $neg(o_+)$ alors renverser la polarité de o
    si $(o_+)\ CONJ\ m$ avec $CONJ = \{et,\ ,\ , etc.\}$ alors m est un mot d'opinion positif
    si $(o_+)\ CONJ\ m$ avec $CONJ = \{mais, cependant, etc.\}$ alors m est un mot d'opinion négatif

- **les traits indiquant des modifications de polarité des opinions** :
  - présence et nombre d'adverbes d'intensité (intensifieur ou atténuateur),
  - nombres de polarités positives/négatives/neutres/ambiguës modifiées par un intensifieur,
  - nombres de polarités positives/négatives/neutres/ambiguës modifiées par un atténuateur,
  - nombres de polarités neutres/ambiguës dans la portée d'une négation,
  - nombre de mots ou expressions d'opinion ayant une force maximale (i.e. strenght=3) de polarité positive, négative ou neutre.

3.2 Phase d'apprentissage

Le tableau 3 présente la répartition de chaque classe dans le corpus d'apprentissage pour chaque tâche.

Classes pour la tâche 2	Nombre d'instances
1	405
2	2846
3	9068
4	13809
5	12622
Classes pour la tâche 3	**Nombre d'instances**
Consensus (1)	5331
Absence de consensus (0)	4020

TABLE 3 – Répartition de chaque classe dans le corpus d'apprentissage pour chaque tâche.

Durant la phase d'apprentissage, nous avons divisé le corpus fourni en un corpus d'entraînement (environ 2/3 du corpus) et un corpus de test.

Pour la tâche de prédiction des notes, nous avons testé plusieurs classifieurs de Weka (Hall *et al.*, 2009) avec plusieurs combinaisons de traits. Le classifieur ayant obtenu les meilleurs résultats est la régression logistique avec les paramètres par défaut.

Nous présentons ici les meilleures combinaisons de traits que nous avons testées ainsi que les résultats obtenus sur les données d'entraînement.

3.2.1 Combinaison 1

Les traits utilisés pour ce test sont :
- **traits lexicaux** : nombre de mots, nombre de négations, nombre de contrastes ;
- **traits concernant directement les opinions** : nombres de polarités positives et négatives ;
- **traits indiquant des modifications de polarité des opinions** : nombres de polarités positives/négatives modifiées par un intensifieur, nombres de polarités positives/négatives modifiées par un atténuateur.

Avec ces traits, l'accuracy obtenue sur la tâche 2 est de 45,64 %. Le tableau 4 montre les résultats détaillés sur chacune des classes à prédire.

Note	Rappel	Précision	F-mesure
1	0.005	1	0.01
2	0.06	0.442	0.106
3	0.463	0.435	0.448
4	0.276	0.422	0.334
5	0.729	0.482	**0.58**
Moyenne	0.456	0.453	0.425

TABLE 4 – Résultats obtenus sur les données d'entraînement pour la combinaison de traits 1.

Pour la tâche 3, la précision est de 63 %.

3.2.2 Combinaison 2

Les traits utilisés ici sont :
- **traits lexicaux** : nombre de négations, nombre de contrastes ;
- **traits concernant directement les opinions** : nombres de polarités positives/négatives/neutres ;
- **traits indiquant des modifications de polarité des opinions** :
  - nombres de polarités positives/négatives/neutres modifiées par un intensifieur,
  - nombres de polarités positives/négatives/neutres modifiées par un atténuateur,
  - nombre d'expression de force maximale de polarités positives/négatives/neutres.

Avec ces traits, l'accuracy obtenue sur la tâche 2 est de 46,47 %. Le tableau 5 montre les résultats détaillés sur chacune des classes à prédire.

Note	Rappel	Précision	F-mesure
1	0	0	0
2	0.06	0.462	0.106
3	0.464	0.438	0.451
4	0.317	0.426	0.363
5	0.712	0.498	**0.586**
Moyenne	0.465	0.452	0.438

TABLE 5 – Résultats obtenus sur les données d'entraînement pour la combinaison de traits 2.

Pour la tâche 3, la précision est de 64 %.

3.2.3 Combinaison 3

Tous les traits sont utilisés ici. Avec ces traits, l'accuracy obtenue sur la tâche 2 est de 45,23 %. Le tableau 6 montre les résultats détaillés sur chacune des classes à prédire.

Note	Rappel	Précision	F-mesure
1	0.021	0.5	0.04
2	0.068	0.413	0.117
3	0.473	0.457	**0.708**
4	0.372	0.431	0.399
5	0.66	0.466	0.546
Moyenne	0.452	0.447	0.43

TABLE 6 – Résultats obtenus sur les données d'entraînement pour la combinaison de traits 3.

Pour la tâche 3, la précision est de 62 %.

4 Résultats

Pour la phase de test, nous avons appris les modèles sur l'intégralité du corpus d'entraînement et testé le classifieur *régression logistique* avec les 3 combinaisons de traits sur le corpus de test. Nous avons ainsi soumis 3 runs pour chacune des deux tâches.

Le tableau 7 présente la répartition de chaque classe dans le corpus de test pour chaque tâche. La répartition dans le corpus de test est semblable à celle observée dans le corpus d'entraînement.

Classes pour la tâche 2	**Nombre d'instances**
1	179
2	1213
3	3850
4	5981
5	5562
Classes pour la tâche 3	**Nombre d'instances**
Consensus (1)	2150
Absence de consensus (0)	1854

TABLE 7 – Répartition de chaque classe dans le corpus de test pour chaque tâche.

4.1 Tâche 2

Pour la tâche 2, la mesure d'évaluation utilisée est l'EDRM (Exactitude en Distance Relative à la solution Moyenne) (Grouin *et al.*, 2013). Cette mesure permet par exemple de pénaliser plus un système qui prédirait une note de 1 au lieu de 5 qu'un système qui prédirait une note de 4 au lieu de 5. Les résultats obtenus sont les suivants :
- combinaison de traits 1 : 0,8193
- combinaison de traits 2 : 0.8217
- combinaison de traits 3 : **0.8267**

C'est donc la combinaison 3 qui obtient les meilleurs résultats pour cette tâche.

D'après les résultats officiels, l'EDRM sur la médiane obtenue par le deuxième meilleur participant est de 0,3975, ce qui nous place donc en première position du défi pour la tâche 2.

4.2 Tâche 3

Pour la tâche 3, la mesure d'évaluation utilisée est la précision. Les résultats obtenus sont les suivants :
- combinaison de traits 1 : 0,6453
- combinaison de traits 2 : **0.6473**
- combinaison de traits 3 : 0.6401

C'est donc la combinaison 2 qui obtient les meilleurs résultats pour cette tâche.

D'après les résultats officiels, la précision obtenue par le deuxième meilleur participant est de 0,3776, ce qui nous place donc aussi en première position du défi pour la tâche 3.

Les résultats pour les deux tâches sont comparables à ceux obtenus lors de la phase d'entraînement.

5 Conclusion

Dans cet article, nous avons présenté les expériences et tests effectués dans le cadre du défi DEFT 2014 pour les tâches 2 et 3. Nous avons utilisé une approche par apprentissage automatique qui permet, à partir d'informations sémantiques fines fournies par un lexique d'expressions d'opinion, de prédire les notes que donneraient des relecteurs à partir des commentaires textuels qu'ils ont rédigés. Nous avons obtenu des résultats très encourageants mais n'avons pas exploité toutes les possibilités offertes par le lexique. En effet, pour améliorer ces résultats, nous pouvons envisager de tenir compte les catégories morphosyntaxiques des mots mais surtout d'utiliser l'intensité des expressions d'opinions en plus de leur polarité afin de prédire les différentes classes de notes plus finement. Enfin, nous envisageons de tester cette approche sur d'autres domaines pour vérifier la généricité du lexique.

Références

AÏT-MOKHTAR S., CHANOD J.-P. & ROUX C. (2002). Robustness beyond Shallowness : Incremental Deep Parsing. *Natural Language Engineering*, **8**, 121–144.

ASHER N., BENAMARA F. & MATHIEU Y. (2009). Appraisal of Opinion Expressions in Discourse. *Linguisticae Investigationes 32 :2*.

ASHER N., BENAMARA F. & MATHIEU Y. Y. (2008). Categorizing Opinions in Discourse. In *Actes de ECAI*.

BENAMARA F., CHARDON B., MATHIEU Y., POPESCU V. & ASHER N. (2012). How do Negation and Modality Impact on Opinions ? (regular paper). In *Extra-propositional aspects of meaning in computational linguistics - Workshop at ACL 2012, Jeju Island, Korea, 13/07/2012* : Association for Computational Linguistics (ACL).

GROUIN C., ZWEIGENBAUM P. & PAROUBEK P. (2013). DEFT2013 se met à table : présentation du défi et résultats. In *Actes du 9ème Défi Fouille de Texte, DEFT2013*, Les Sables d'Olonne, France.

HALL M., FRANK E., HOLMES G., PFAHRINGER B., REUTEMANN P. & WITTEN I. H. (2009). The WEKA Data Mining Software : An Update. *SIGKDD Explorations*, **11, Issue 1**.

LEVIN B. (1993). *English Verb Classes and Alternations : A Preliminary Investigation*. University of Chicago Press.

MATHIEU Y. Y. (1999). Sémantique lexicale et grammaticale. *Langage*, **136**.

MATHIEU Y. Y. (2005). A Computational Semantic Lexicon of French Verbs of Emotion. In *Computing Attitude and Affect in Text : Theory and Applications*, Dordrecht, The Netherlands.

ROZE C., DANLOS L. & MULLER P. (2012). LEXCONN : a French Lexicon of Discourse Connectives. *Discours*, **10**.

WIERZBICKA A. (1987). *Speech Act Verbs*. Sydney Academic Press.

Algorithmes de classification et d'optimisation : participation du LIA/ADOC à DEFT'14

Luis Adrián Cabrera-Diego[1,3] Stéphane Huet[1] Bassam Jabaian[1] Alejandro Molina[1]
Juan-Manuel Torres-Moreno[1,2] Marc El-Bèze[1] Barthélémy Durette[3]
(1) LIA, UAPV, 91022 Chemin de Meinajariès, 84022 Avignon Cedex 9
(2) École Polytechnique de Montréal, Montréal, Québec Canada
(3) ADOC Talent Management, 21 rue du Faubourg Saint-Antoine, 75011 Paris
cabrera@adoc-tm.com,
{bassam.jabaian,stephane.huet,juan-manuel.torres,marc.elbeze}@univ-avignon.fr,
alejandro.molina-villegas@alumni.univ-avignon.fr, durette@adoc-tm.com

Résumé. L'édition 2014 du Défi Fouille de Textes (DEFT) s'est intéressée, entre autres, à la tâche d'identifier dans quelle session chaque article des conférences TALN précédents a été présenté. Nous décrivons les trois systèmes conçus au LIA/ADOC pour DEFT 2014. Malgré la difficulté de la tâche à laquelle nous avons participé, des résultats intéressants (micro-précision de 0,76 mesurée sur le corpus de test) ont été obtenus par la fusion de nos systèmes.

Abstract. This year, the DEFT campaign (Défi Fouilles de Textes) incorporates a task which aims at identifying the session in which articles of previous TALN conferences were presented. We describe the three statistical systems developed at LIA/ADOC for this task. A fusion of these systems enables us to obtain interesting results (micro-precision score of 0.76 measured on the test corpus).

Mots-clés : classification de textes, optimisation, similarité.

Keywords: text classification, optimization, similarity.

1 Introduction

Dans le cadre de la conférence TALN 2014 [1], sera organisé en juillet 2014 à Marseille (France) un atelier centré sur un défi qui avait pour objet la fouille de textes. Ce défi est la dixième édition de DEFT (DÉfi Fouille de Textes). De notre côté, il s'agit de la sixième participation dans DEFT du Laboratoire Informatique d'Avignon (LIA) [2]. Cette fois-ci, le LIA a participé coinjointement avec l'entreprise ADOC Talent Management [3].

La tâche 4 de DEFT a eté définie comme suit [4] :

[...Cette tâche...] se démarque des précédentes car elle concerne les articles scientifiques présentés lors des dernières conférences TALN. Le corpus se composera des articles présentés en communication orale (ni poster, ni conférence invitée). Pour chaque édition, seront fournis : un ensemble d'articles (titre, résumé, mots-clés, texte), la liste des sessions scientifiques de cette édition, et la correspondance article/session (sauf pour le test). Le corpus de test se composera d'une édition complète de TALN (articles et liste des sessions) pour laquelle il faudra identifier dans quelle session chaque article a été présenté.

L'objectif est donc de déterminer la session scientifique dans laquelle un article de conférence a été présenté.

1. http://www.taln2014.org/site/
2. http://lia.univ-avignon.fr
3. http://www.adoc-tm.com/
4. http://deft.limsi.fr/2014/index.php?id=2

2 Prétraitement et normalisation du corpus d'apprentissage

Le corpus d'apprentissage pour la tâche 4 est constitué par l'ensemble des articles scientifiques étiquetés par leur session et regroupé par année de publication. Pour chaque année, un fichier précise également le nombre d'articles présentés par session. Les articles scientifiques à traiter sont fournis dans des fichiers *.txt. Ils résultent d'une extraction du texte à partir du code source des fichiers PDF avec l'outil *pdftotext*. Or, cette méthode a parfois l'inconvénient de générer différents types d'erreurs.

Un des problèmes les plus récurrents est celui du codage des lettres accentuées, le tréma de « ï » devenant par exemple « ı¨ ». On rencontre aussi certains problèmes au niveau de la préservation de la structure du texte. En effet, une phrase peut être découpée en plusieurs lignes ou une ligne peut contenir plusieurs phrases. De la même manière, des erreurs se produisent au niveau du découpage en paragraphes. Pour corriger ces erreurs nous utilisons les méthodes proposées par (Cabrera-Diego *et al.*, 2013). Les anomalies au niveau des accents sont repérées puis corrigées à l'aide d'expressions régulières. En ce qui concerne la structure, nous tenons compte de la ponctuation, des majuscules et des traits d'union afin de reconstituer des phrases et des paragraphes.

D'autres manipulations s'avèrent nécessaires pour obtenir de meilleurs résultats. L'élimination de symboles qui ne contiennent pas d'information sémantique, comme les lettres grecques (Σ, Π, Δ), les noms des variables (λ, x, t) ou les caractères de contrôle du document (tabulation verticale, retour chariot...). Nous avons aussi uniformisé les différents caractères de citations (guillemets) à un seul type et les différents caractères d'union (traits d'union).

Nous avons réalisé une analyse automatique pour identifier les différentes parties de l'article : titre, auteurs, résumé, mots-clés, corps et références. Pour mener à bien cette tâche nous avons utilisé une méthode similaire à celle employée dans (Cabrera-Diego *et al.*, 2013), qui consiste à utiliser des expressions régulières pour trouver les différentes sections.

Lorsque l'article était rédigé en anglais, nous avons utilisé Google Traduction [5] pour les traduire automatiquement en français.

Après tous ces prétraitements, un seul fichier XML est produit avec la structure suivante [6] :

```
<?xml version="1.0" encoding="UTF-8" standalone="yes"?>
<deftcorpus type="training" year="2014">
<articles-2002>
  <article numArticle="taln-2002-long-007" normalisedSession="syntaxe">
    <title><![CDATA[...]]></title>
    <authors><![CDATA[...]]></authors>
    <abstract><![CDATA[...]]></abstract>
    <keywords><![CDATA[...]]></keywords>
    <body><![CDATA[...]]>
    </body>
    <biblio><![CDATA[]]>
    </biblio>
  </article>.
  ...
</articles-2002>
...
</deftcorpus>
```

3 Systèmes du LIA

Nous avons développé trois systèmes indépendants que nous avons fusionnés par la suite :

1. Système collégial ;
2. Système SimiPro ;
3. Système à base de Champs Aléatoires Markoviens (CRF).

5. translate.google.com.
6. Ce fichier peut être consulté à l'adresse : http://molina.talne.eu/deft2014training.xml

3.1 Système collégial

Le premier système du LIA résulte de la fusion des avis émis par 5 juges « indépendants » d'où le nom de système collégial. Les approches qui leur sont attachées ont déjà été employées par le LIA dans diverses campagnes d'évaluation comme DEFT (El-Bèze *et al.*, 2007; Torres-Moreno *et al.*, 2007; Bost *et al.*, 2013), ou REPLAB (Cossu *et al.*, 2013) et ont été décrites dans les articles qui expliquent les modalités de notre participation à ces campagnes antérieures. Parmi les 5 juges réunis pour participer à DEFT 2014, on trouve une approche de type Cosine, un modèle probabiliste de type n-gramme (avec n variable), un modèle de Poisson, une similarité de type Jaccard et enfin une approche de type k plus proche voisins.

Les paramètres de ces différents juges ont été entraînés en faisant de la validation croisiée année par année sur le corpus d'apprentissage. Ainsi le nombre de plus proches voisins a été fixé à 17 sur la globalité du corpus. À l'issue des décisions prises par les 5 juges la méthode de fusion qui a été employée est une fusion linéaire.

Enfin prenant appui sur les nombres de papiers propres à chaque session, une réaffectation par permutations successives a été effectuée pour maximiser le jugement moyen des 5 juges. Cette méthode ne garantit pas l'obtention d'un optimum global.

3.2 Système SimiPro

Dans une conférence scientifique les articles acceptés sont regroupés en sessions. Les articles ayant une thématique similaire sont réunis dans une même session. Le LIA et ADOC Talent Management ont abordé la tâche 4 comme une tâche de similarité entre une représentation synthétique de chaque session et une représentation synthétique de chaque article. Dans la suite du propos, nous appellerons ces représentations respectivement « profil d'article » (P_a) et « profil de session » (P_s). Dans ce travail, un profil est l'ensemble de mots-clés qui représentent la thématique abordée. Les profils des sessions et des articles sont comparés en utilisant la distance cosinus. L'analyse de ces distances permet de classer les articles dans les sessions. Notre système est composé de quatre grandes étapes qui sont expliquées ci-après et sont appliquées sur le corpus de test et d'apprentissage.

La première étape est la lemmatisation et l'étiquetage morpho-syntaxique du corps des articles et des mots-clés indiqués par leurs auteurs. Son but est d'utiliser la forme canonique des mots et leur catégorie grammaticale dans les étapes suivantes. Cette étape est réalisée à l'aide du logiciel Freeling 3.1 (Padró & Stanilovsky, 2012) pour le français.

La deuxième étape consiste à rechercher des séquences de mots ($c = m_1\ m_2\ \dots\ m_j$) susceptibles de constituer des mots-clés, c'est-à-dire des n-grammes de mots qui par leurs caractéristiques peuvent représenter les principales thématiques. Notre système utilise les catégories grammaticales identifiées par Freeling pour réaliser un découpage du texte. Ce découpage est réalisé au niveau des mots qui, de par leur catégorie grammaticale, sont peu susceptibles de constituer des mot-clés. Plus spécifiquement, le découpage est réalisé au niveau des verbes, des adverbes, des noms propres, des quantités, des conjonctions, des interjections, des dates et de la ponctuation [7]. La méthode appliquée ici est similaire à celle utilisée par le système d'extraction terminologique LEXTER (Bourigault, 1994). Pour réduire encore le nombre de mots-clés candidats, nous découpons également le texte au niveau des mots vides. Ce découpage a comme exception l'article « le » et la préposition « de » quand ils ne se trouvent pas aux extrémités d'une séquence de mots [8]. Un dernier filtre supprime les séquences de plus de 4 mots.

La troisième étape de SimiPro est le classement par pertinence des séquences de mots d'un article trouvées dans l'étape antérieure. Nous utilisons pour cela une version modifiée de l'algorithme *Rapid Automatic Keyword Extraction* que nous avons réalisée pour DEFT 2014 de manière individuelle sur le corps de chaque article. La version originale de cet algorithme, appelé également RAKE, est décrite dans (Rose *et al.*, 2010). L'algorithme RAKE calcule le degré de co-occurrence de chaque mot et leur nombre d'occurrences. Puis, il donne un poids $\mathbb{P}(m)$ à chaque mot m en utilisant la formule suivante :

$$\mathbb{P}(m) = \begin{cases} \frac{deg(m)}{f(m)} & \text{si} \quad f(m) > 1 \\ \frac{deg(m)}{F} & \text{si} \quad f(m) = 1 \end{cases} \tag{1}$$

où $deg(m)$ est le degré de co-occurence de m, $f(m)$ le nombre d'occurrences de m dans le texte et F le nombre de mots dans le texte. Ensuite, pour chaque séquence de mots, $c = m_1\ m_2\ \dots\ m_j$, dans le texte, RAKE attribue le score $\mathbb{S}(c)$

7. Freeling a la classe « F » pour représenter les symboles utilisés dans la ponctuation.
8. Ces exceptions permettent au système de générer des séquences de mots comme « extraction de information » et « traitement de le parole ».

suivant :

$$\mathbb{S}(c) = \frac{\sum_{i=1}^{j} \mathbb{P}(m_i)}{j} \quad . \tag{2}$$

Notre version modifiée de RAKE donne des scores plus homogènes pour les séquences les plus petites [9] ainsi que celles contenant des mots qui n'apparaîssent qu'une seule fois [10].

La quatrième étape de SimiPro est la création des profils. Cette étape varie selon que l'on considère la phase d'apprentissage ou la phase de test. Pendant la phase d'apprentissage, le système génère des profils de session. Pour créer un profil de session, SimiPro considère tous les mots-clés des articles affectés à une même session, indépendamment de l'année, pour générer une liste de mots-clés $\mathbb{L}$. Le système somme les scores des mots-clés apparaissant plusieurs fois. Le système crée autant de listes $\mathbb{L}$ que de sessions. Pendant la phase de test, SimiPro génère les profils des articles par année. Dans ce cas, le système débute en considérant l'ensemble de mots-clés de chaque article comme une liste $\mathbb{L}$.

Pour chacun des mots-clés dans les listes $\mathbb{L}$ générées précédemment selon la phase, le système applique une mesure basée sur le TF-IDF. La formule est la suivante :

$$\mathbb{V}(c) = \mathbb{S}(c) * log\left(\frac{N}{n}\right) \tag{3}$$

où c est la séquence de mots, $\mathbb{V}$ le nouveau score de c, $\mathbb{S}$ le score de c donné par RAKE, N le nombre de documents dans la session dans la phase d'apprentissage, ou dans l'année dans la phase de test. La variable n est le nombre de documents de la session ou de l'année où c apparaît selon le cas.

Pour filtrer plus facilement les valeurs de $\mathbb{V}$ avec un seuil entre 0 et 1, nous avons décidé d'appliquer deux types de normalisations. Le système commence par une normalisation cosinus (Salton & Buckley, 1988). Chaque liste $\mathbb{L}$ est considérée comme un vecteur $\bar{l}$ dans le modèle vectoriel. Pour chaque vecteur $\bar{l}$, le système obtient leur norme $||\bar{l}||$. Puis, SimiPro calcule leur vecteur unitaire $\bar{l}_u = \bar{l}/||\bar{l}||$. Ce vecteur unitaire a comme composantes les scores normalisés $\mathbb{V}_n$. La deuxième normalisation divise les valeurs de chaque composantes de $\bar{l}_u$ par la valeur maximale de toutes les composants du vecteur afin d'obtenir un score,$\mathbb{V}_{n2}$, compris 0 et 1 et ayant une même échelle pour tous les mots-clés de toutes les listes. À l'issue de cette phase de normalisation, les mots-clés des auteurs sont ajoutés aux listes normalisées avec un score de 1.

Le profil d'une session, P_s, ou d'un article P_a, selon le cas, est généré à partir de leur liste respective de mots-clés normalisée. Seules les séquences de mots qui ont une valeur $\mathbb{V}_{n2}$ supérieure ou égale à 0,50 sont prises en compte.

Pendant la phase de test et une fois les profils des articles créés, SimiPro débute la classification des articles parmi les sessions. Le système charge, premièrement, les profils P_a des articles à classer d'une année déterminée. Puis, il charge les profils P_s des sessions correspondant à cette même année [11]. Dans le cas d'une nouvelle session n'ayant pas d'équivalent dans le corpus d'apprentissage, le système crée un profil en utilisant l'algorithme suivant : 1/ Le nom de la session s est lemmatisé avec Freeling et est considéré comme un mot-clé d'un nouveau profil du type P_s. Si s est multi-mots, on prend également le premier et le dernier mot (par exemple : détection de thèmes $\rightarrow$ détection, thèmes ; taln pour le tic $\rightarrow$ taln, tic). 2/ On sélectionne les profils de session contenant s. 3/ Le système cherche s dans tous les profils P_s créés pendant l'apprentissage. Il génère la liste A contenant les sessions où s a été trouvée et la liste B contenant les séquences de mots contenant s. 4/ La liste B de mots-clés est ajoutée au nouveau profil. 5/ On croise les mots clés de tous les profils de la liste A et on conserve tous les mots-clés apparaissant plus d'une fois.

Dès que SimiPro a chargé tous les profils, le système calcule la similarité entre les profils de sessions P_s et les profils d'articles P_a. Ce calcul est réalisé en utilisant la mesure cosinus. Les articles sont finalement classés parmi les sessions par ordre décroissant de score de similarité en prenant en compte les contraintes fournies concernant le nombre d'articles par sessions.

3.3 Système basé sur les CRF

Les CRF (« Conditional Random Fields » ou « Champs Aléatoires Markovien ») sont une famille de modèles graphiques introduite par (Lafferty *et al.*, 2001). Ils ont le plus souvent été utilisés dans le domaine du traitement automatique des langues, pour étiqueter des séquences d'unités linguistiques. Ces modèles possèdent à la fois les avantages des modèles génératifs et des modèles discriminants de l'état de l'art. En effet, comme les classifieurs discriminants, ils peuvent

9. Dans la version originale les séquences les plus grandes ont par construction les scores les plus hauts.
10. De même, les séquences contenant des mots qui n'apparaîssent qu'une seule fois ont, par construction, un score élevé dans RAKE.
11. Pour chaque année dans le corpus de test les organisateurs ont fournis le nom des sessions et le nombre d'articles par session.

manipuler un grand nombre de descripteurs, et comme les modèles génératifs, ils intègrent des dépendances entre les étiquettes de sortie et prennent une décision globale sur la séquence.

La représentation de ces modèles est décrite comme une probabilité conditionnelle d'une séquence de concept $C = c_1, ..., c_T$ étant donnée une séquence de mots $W = w_1, ..., w_T$. Cette probabilité peut être calculée comme suit :

$$P(C|W) = \frac{1}{Z}\prod_{t=1}^{T} H(c_{t-1}, c_t, \phi(w_1^N, n))$$

avec

$$H(c_{t-1}, c_t, \phi(w_1^N, n)) = \exp(\sum_{m=1}^{M} \lambda_m \cdot h_m(c_{t-1}, c_t, \phi(w_1^N, n)))$$

H est un modèle log-linéaire fondé sur des fonctions caractéristiques $h_m(c_{t-1}, c_t, \phi(w_1^N, n))$ qui représentent l'information extraite du corpus d'apprentissage. Cela peut être par exemple w_{t-2}^{t+2} représentant une fenêtre de voisinage de taille 2 autour du mot courant. Les poids λ du modèle log-linéaire sont estimés lors de l'apprentissage et Z est un terme de normalisation appris au niveau de phrases.

Afin de bénéficier des avantages de ces classifieurs discriminants, nous avons proposé de considérer la tâche 4 de DEFT comme un problème d'étiquetage d'un document source, sauf que les étiquettes possibles sont toutes les sessions de la conférence.

L'apprentissage d'un modèle CRF nécessite des données annotées (étiquetées) au niveau des mots, ainsi chaque mot de chaque article représente une observation pour le modèle. Considérer la totalité de l'article pour la construction du modèle CRF peut être très coûteux en terme de complexité d'autant plus qu'un bruit important peut être intégré dans le modèle à cause du nombre important de mots communs entre différents articles de différentes sessions. Pour minimiser ce bruit, nous avons fait le choix de sélectionner l'information à prendre en compte dans le modèle et donc pour chaque article seules les données liées aux titre, résumé, noms d'auteurs et mots-clés sont prises en compte.

Pour l'apprentissage, nous considérons uniquement les articles appartenant à des sessions présentes parmi les sessions du test. Cette règle, qui a pour but d'empêcher l'étiquetage d'un article par une session non attendue dans le test, élimine une part très importante des données d'apprentissage. Pour éviter cette élimination massive, une projection de sessions vers des sessions similaires a été réalisée. Par exemple la session « traduction|alignement » est remplacée par « alignement », « recherche d'information » est projetée vers « extraction d'information ».

L'outil Wapiti (Lavergne *et al.*, 2010) a été utilisé pour apprendre les modèles CRF en considérant des fonctions (features) uni-grammes avec une fenêtre de voisinage de taille 2 autour du mot courant et des fonctions bi-grammes. L'algorithme de descente de gradient a été appliqué pour optimiser les poids du modèle.

Une fonction uni-gramme permet de prendre en compte une seule étiquette à la fois caractérisant l'association du mot et de l'étiquette. Les fonctions bi-grammes portent sur un couple d'étiquettes successives. Ce type de fonction permet par exemple d'apprendre des informations sur une liste de mots-clés ou sur les coauteurs d'une session donnée.

Pour le test, nous avons considéré le même type d'information que pour l'apprentissage du modèle (titre, résumé, auteurs et mots-clés). Lors du décodage, le modèle attribue à chaque mot une étiquette avec un score de probabilité. Pour un article donné, la somme des log-probabilités des mots étiquetés par la même session a été calculée et l'article est affecté à la session qui correspond à la somme maximale de ces log-probabilités.

3.4 Fusion et optimisation

Les trois systèmes précédents fournissent un score $s_{ij}^{(k)}$ d'association d'un article i à une session j. De manière à faciliter leur combinaison, les scores de chaque système k sont normalisés entre 0 et 1. Les résultats produits par les trois systèmes sont combinés à l'aide d'une interpolation linéaire :

$$s_{ij} = \sum_{k=1}^{3} \lambda_k s_{ij}^{(k)} \quad . \tag{4}$$

Les poids λ_k sont optimisés à l'aide d'une recherche sur grille avec des pas de 0,05 pour maximiser la macro-précision sur un corpus développement, en retenant pour chaque article i la session j qui obtient le meilleur score s_{ij}.

La tâche 4 de DEFT, pour laquelle sont fournis le nombre d'articles n_j par session j, peut être vue comme un problème d'optimisation linéaire discrète (OLD) consistant à trouver les valeurs x_ij satisfaisant la fonction objectif (5).

$$\max \sum_{i=1}^{m} \sum_{j=1}^{n} x_{ij} s_{ij} \tag{5}$$

$$\sum_{j=1}^{n} x_{ij} = 1 \qquad i = 1...m \tag{6}$$

$$\sum_{i=1}^{m} x_{ij} = n_j \qquad j = 1...n \tag{7}$$

$$x_{ij} \in \{0, 1\} \quad i = 1...m, j = 1...n$$

Les contraintes (6) s'assurent que chaque article i n'est associé qu'à une seule session, tandis que les égalités (7) représentent les contraintes quant au nombre d'articles par session. Nous avons employé cette modélisation notée OLD en post-traitement de chaque système ou de leur combinaison par interpolation linéaire. Par rapport à la méthode classique ne retenant que la session j qui maximise un score s_{ij} pour chaque article i indépendamment des autres articles, l'optimisation linéaire permet de prendre une décision au niveau d'une année. Le problème OLD est résolu à l'aide de l'algorithme du simplexe.

4 Expériences sur le développement

Les articles fournis pour les années 2008 et 2011 ont été utilisés comme corpus de développement pour régler les différentes paramètres de nos systèmes et les poids λ_i du modèle d'interpolation linéaire. Le tableau 1 reporte les résultats obtenus sur 2008 et 2011.

	2008		2011	
		+OLD		+OLD
Collégial	0,72	0,79	0,39	0,47
SimiPro	0,63	0,69	0,40	0,30
CRF	0,39	0,44	0,40	0,50
Fusion	0,62	0,77	0,46	0,37
	λ_k : 0,4 ; 0,05 ; 0,55		λ_k : 0,05 ; 0,95 ; 0,0	

TABLE 1 – Macro-précision mesurée sur les articles de 2008 et 2011 en optimisant respectivement les poids de l'interpolation linéaire sur 2011 et 2008.

La comparaison des colonnes 2 et 3 d'une part et 4 et 5 d'autre part montrent que la prise en compte des contraintes sur le nombre d'article grâce à l'optimisation linéaire discrère améliorent les résultats pour tous les systèmes à l'exception de SimiPro et de la fusion pour l'année 2011.

Les poids utilisés pour combiner les systèmes sur 2008 et 2011 sont respectivement indiquées aux colonnes 2 et 3 de la dernière ligne du tableau 1 et montrent une grande variabilité entre ces deux corpus. Cette instabilité entre les deux années se reflète dans les valeurs de macro-précision obtenu par la combinaison (dernière ligne) qui ne sont supérieures au meilleur système que pour l'année 2011 sans le post-traitement OLD.

Les poids finalement retenus pour le corpus de test (λ_k : 0,1 ; 0,8 ; 0,1) sont optimisés sur l'ensemble des articles de 2008 et 2011 pour augmenter la généralisation du modèle de combinaison.

5 Résultats

Sur la tâche 4 il y a eu 5 participants pour un total de 13 soumissions. Les systèmes ont été évalués en utilisant les mesures proposées par DEFT. Les cinq meilleures soumissions varient (la meilleure de chaque équipe) de 0,2778 à 1,000 (mesure : précision à 1). Moyenne=0,5926 ; Médiane=0,4815 ; Écart-type=0,2860.

Le tableau 2 présente nos résultats obtenus sur le corpus de test. Nous constatons que l'optimisation linéaire discrète permet des gains, notamment lors de la fusion de nos trois systèmes (+0,19 points au niveau de la macro-précision).

		+OLD
Collégial	0,57	0,66
SimiPro	0,45	0,34
CRF	0,50	0,51
Fusion	0,54	**0,73**

TABLE 2 – Macro-précision (au niveau des sessions) mesurée sur le corpus de test.

Pour la campagne, trois systèmes ont été soumis : le résultat de la fusion avec optimisation linéaire discrète (Tableau 3, ligne 1), le système SimiPro avec optimisation linéaire discrète (ligne 2) et le système collégial avec une optimisation locale par permutation (ligne 3). Comme attendu, la fusion conduit aux meilleurs résultats, même si ceux-ci restent très proches du système collégial.

	2012	2013	2012 & 2013
Fusion + OLD	**0,77 (0,76)**	**0,75 (0,70)**	**0,76 (0,76)**
SimiPro + OLD	0,32 (0,32)	0,41 (0,36)	0,37 (0,36)
Collégial + optimisation locale	0,68 (0,67)	0,72 (0,65)	0,70 (0,70)

TABLE 3 – Micro-précision (macro-précision au niveau des sessions) mesurées sur le corpus de test pour nos trois soumission pour la campagne.

6 Conclusions et travail futur

Malgré les différences entre le corpus d'apprentissage et le test, notamment au niveau du nom des sessions, nos algorithmes ont conduit à des résultats très intéressants, bien au dessus de la moyenne des participants. La fusion s'est averée une stratégie performante, car elle a su combiner les résultats des 3 systèmes, en surpassant ceux du meilleur d'entre eux. Par manque de temps, nous n'avons pas intégré d'autres composants TAL dans nos approches (entités nommées, resumé automatique, etc). Nous pensons qu'un système de résumé automatique guidé (Favre *et al.*, 2006; Torres-Moreno, 2011) pourrait être utilisé dans ce cadre de manière à mieux cibler les passages contenant les mots-clés. Également, nous considérons que l'extraction de mots-clés pourrait être effectuée en utilisant des algoritmes performants basés sur les graphes (Mihalcea & Tarau, 2004).

Remerciements

Nous voulons remercier l'ANRT par le financement de la convetion CIFRE n° 2012/0293b entre ADOC Talent Management et l'Université d'Avignon et des Pays de Vaucluse, ainsi que le *Consejo Nacional de Ciencia y Tecnología (CONACyT)* du Mexique (bourse n° 327165).

Références

BOST X., BRUNETTI I., CABRERA-DIEGO L. A., COSSU J.-V., LINHARES A., MORCHID M., TORRES-MORENO J.-M., EL-BÈZE M. & DUFOUR R. (2013). Systèmes du LIA à DEFT'13. In *Actes du neuvième Dèfi Fouille de Textes*, p. 41–61 : DEFT/TALN.

BOURIGAULT D. (1994). *Lexter : un Logiciel d'EXtraction de TERminologie : application à l'acquisition des connaissances à partir de textes*. PhD thesis, EHESS.

CABRERA-DIEGO L. A., TORRES-MORENO J.-M. & EL-BÈZE M. (2013). SegCV : traitement efficace de CV avec analyse et correction d'erreurs. In F. BOUDIN & L. BARRAULT, Eds., *Actes de TALN-RECITAL 2013 (Traitement automatique des langues naturelles)*, Les Sables d'Olonne : ATALA.

COSSU J.-V., BIGOT B., BONNEFOY L., MORCHID M., BOST X., SENAY G., DUFOUR R., BOUVIER V., TORRES-MORENO J.-M. & EL-BÈZE M. (2013). LIA@RepLab 2013. In *The CLEF Initiative* : CLEF.

EL-BÈZE M., TORRES-MORENO J.-M. & BÉCHET F. (2007). Un duel probabiliste pour départager deux Présidents. *RNTI coming soon*, p. 1889–1918.

FAVRE B., BÉCHET F., BELLOT P., BOUDIN F., EL-BÈZE M., GILLARD L., LAPALME G. & TORRES-MORENO J.-M. (2006). The LIA-Thales summarization system at DUC-2006. In *Document Understanding Conference (DUC) 2006*, p. 131–138 : NIST.

LAFFERTY J., MCCALLUM A. & PEREIRA F. (2001). Conditional random fields : Probabilistic models for segmenting and labeling sequence data. In *The International Conference on Machine Learning (ICML)*, p. 282–289, Williamstown, USA : Morgan Kaufmann.

LAVERGNE T., CAPPÉ O. & YVON F. (2010). Practical Very Large Scale CRFs. In *The Annual Meeting of the Association for Computational Linguistic (ACL)*, p. 504–513, Uppsala, Sweden : ACL.

MIHALCEA R. & TARAU P. (2004). Textrank : Bringing order into texts. *Proceedings of EMNLP*, **4**(4), 275.

PADRÓ L. & STANILOVSKY E. (2012). Freeling 3.0 : Towards wider multilinguality. In *Proceedings of the Language Resources and Evaluation Conference (LREC 2012)*, Istanbul, Turkey : ELRA.

ROSE S., ENGEL D., CRAMER N. & COWLEY W. (2010). *Automatic Keyword Extraction from Individual Documents*, In M. W. BERRY & J. KOGAN, Eds., *Text Mining*, p. 1–20. John Wiley & Sons, Ltd.

SALTON G. & BUCKLEY C. (1988). Term-weighting approaches in automatic text retrieval. *Information processing & management*, **24**(5), 513–523.

TORRES-MORENO J.-M. (2011). *Résumé automatique de documents : une approche statistique*, volume 1. Hermes-Lavoisier (Paris).

TORRES-MORENO J. M., EL-BÈZE M., BÉCHET F. & CAMELIN N. (2007). Comment faire pour que l'opinion forgée à la sortie des urnes soit la bonne ? Application au défi DEFT 2007. In *3ème DÉfi Fouille de Textes DEFT'07*, p. 10pp : DEFT.

Fouille de données pour associer des noms de sessions aux articles scientifiques

Solen Quiniou[1] Peggy Cellier[2] Thierry Charnois[3]
(1) LINA, Université de Nantes, 2 rue de la Houssinière, BP 92208, 44322 Nantes Cedex 3
(2) INSA de Rennes, IRISA, Campus de Beaulieu, 35042 Rennes Cedex, France
(3) LIPN, CNRS UMR 7030, Université Paris 13 Sorbonne Paris Cité, 93430 Villetaneuse
solen.quiniou@univ-nantes.fr, peggy.cellier@irisa.fr, thierry.charnois@lipn.univ-paris13.fr

Résumé. Nous décrivons dans cet article notre participation à l'édition 2014 de DEFT. Nous nous intéressons à la tâche consistant à associer des noms de session aux articles d'une conférence. Pour ce faire, nous proposons une approche originale, symbolique et non supervisée, de découverte de connaissances. L'approche combine des méthodes de fouille de données séquentielles et de fouille de graphes. La fouille de séquences permet d'extraire des motifs fréquents dans le but de construire des descriptions des articles et des sessions. Ces descriptions sont ensuite représentées par un graphe. Une technique de fouille de graphes appliquée sur ce graphe permet d'obtenir des collections de sous-graphes homogènes, correspondant à des collections d'articles et de noms de sessions.

Abstract. In this paper, we present a proposition based on data mining to tackle the DEFT 2014 challenge. We focus on task 4 which consists of identifying the right conference session for scientific papers. The proposed approach is based on a combination of two data mining techniques. Sequence mining extracts frequent phrases in scientific papers in order to build paper and session descriptions. Then, those descriptions of papers and sessions are used to create a graph which represents shared descriptions. A graph mining technique is applied on the graph in order to extract a collection of homogenous sub-graphs corresponding to sets of papers associated to sessions.

Mots-clés : Fouille de données, fouille de séquences, fouille de graphes, catégorisation d'articles.

Keywords: Data Mining, Sequence Mining, Graph Mining, Paper Categorisation.

1 Introduction

Nous présentons dans cet article notre participation à la tâche 4 de l'édition 2014 de DEFT[1]. Cette tâche consiste à déterminer pour un ensemble d'articles publiés dans des éditions passées de la conférence TALN, dans quelle session ces articles ont été présentés.

L'approche originale que nous proposons pour cette tâche utilise des méthodes de fouille de données. C'est une approche non supervisée qui combine des méthodes de fouille de séquences et de fouille de graphes. Cette approche s'inspire de travaux menés antérieurement sur l'utilisation de la fouille de graphes pour détecter des sous-ensembles de phrases cohérentes dans des textes (Quiniou *et al.*, 2012).

Plus précisément, la fouille de séquences permet d'extraire des expressions fréquentes dans un article qui, combinées aux mots-clefs de l'article, donnent une description de celui-ci. Par apprentissage, on construit aussi des descriptions pour les sessions. Ces descriptions d'articles et de sessions sont ensuite représentées dans un graphe. Ce graphe est exploité via une technique de fouille de graphes qui permet d'obtenir des collections de sous-graphes homogènes. Les collections de sous-graphes homogènes correspondent à des regroupement d'articles et de sessions ayant des descriptions proches.

Dans la suite de l'article chaque étape est détaillée. En section 2, un rappel est fait sur les notions de fouille de données utiles à notre approche. En particulier, deux méthodes de fouille de données sont présentées : la fouille de données séquentielles et la fouille de graphes. En section 3, la chaîne de traitement est détaillée. Enfin, la section 4 présente les différents résultats expérimentaux obtenus en fonction des stratégies choisies.

1. `http://deft.limsi.fr/2014/`

2 Notions de fouille de données

2.1 Fouille de motifs séquentiels

La fouille de motifs séquentiels (Agrawal & Srikant, 1995) est un champ de la fouille de données ayant pour but la découverte de régularités dans des données se présentant sous forme de séquences. Plusieurs algorithmes (Srikant & Agrawal, 1996; Zaki, 2001; Pei *et al.*, 2001; Yan *et al.*, 2003; Nanni & Rigotti, 2007; Gomariz *et al.*, 2013) ont été proposés pour extraire les motifs séquentiels. Dans cette partie nous introduisons les concepts de base de la fouille de motifs séquentiels utilisés pour le défi.

En fouille de données séquentielles, une séquence S est une liste ordonnée de littéraux appelés *items*, notée $s = \langle i_1 \ldots i_m \rangle$. Par exemple, $\langle a\ b\ a\ c \rangle$ est une séquence de quatre items. Une séquence $S_1 = \langle i_1 \ldots i_n \rangle$ est dite *incluse* dans une autre séquence $S_2 = \langle i'_1 \ldots i'_m \rangle$ s'il existe des entiers $1 \leq j_1 < ... < j_n \leq m$ tels que $i_1 = i'_{j_1}$,..., $i_n = i'_{j_n}$. La séquence S_1 est alors appelée une sous-séquence de S_2 et S_2 est alors appelée une super-séquence de S_1, noté $S_1 \preceq S_2$. Par exemple, $\langle a\ a\ c \rangle$ est incluse dans $\langle a\ a\ b\ a\ c\ d \rangle$.

Une base de séquences, notée SDB, est un ensemble de tuples (sid, S), où sid est un identifiant de séquence, et S est une séquence. Par exemple, la table 1 décrit une base de séquences composée de quatre séquences. Le *support* d'une séquence S_1 dans une base de données de séquences SDB, noté $sup(S_1)$, est le nombre de tuples de la SDB contenant S_1. Par exemple, dans la table 1, $sup(\langle a\ c \rangle) = 3$, car les séquences 1, 2 et 3 contiennent $\langle a\ c \rangle$. Un motif séquentiel *fréquent* est un motif ayant une support supérieur ou égal à un seuil appelé $minsup$.

Identifiant	Séquence
1	$\langle a\ b\ c\ d \rangle$
2	$\langle a\ d\ c\ b \rangle$
3	$\langle a\ b\ d\ b\ c \rangle$
4	$\langle a\ d\ b\ b \rangle$

TABLE 1 – Exemple de SDB.

Dans la pratique, le nombre de motifs séquentiels fréquents peut être important. Une façon de réduire leur nombre est l'utilisation de contraintes (Dong & Pei, 2007). Une contrainte permet de focaliser la recherche en fonction des centres d'intérêts de l'utilisateur et limite ainsi le nombre de motifs séquentiels extraits en éliminant les motifs non-pertinents. Un exemple très classique de contrainte, que nous avons déjà introduite, est celle de support minimum qui permet de restreindre l'ensemble des motifs extraits aux motifs fréquents selon un seuil. Dans cette tâche nous utilisons une autre contrainte le *gap* qui permet de maîtriser l'intervalle de temps entre deux items d'un motif. Un motif séquentiel avec contrainte de gap $[M, N]$, noté $P_{[M,N]}$ est un motif tel qu'au minimum M items et au maximum N items sont présents entre chaque item voisin du motif dans les séquences correspondantes. Par exemple, dans la table 1, $P_{[0,2]} = \langle a\ c \rangle$ et $P_{[2,4]} = \langle a\ c \rangle$ sont deux motifs séquentiels avec des contraintes de gap différentes. $P_{[0,2]}$ est contenu dans deux séquences, les séquences 1 et 2, tandis que $P_{[2,4]}$ est contenu dans une seule séquence : la séquence 3.

2.2 Fouille de graphes sous contraintes

La fouille de graphes (Washio & Motoda, 2003) est une technique de fouille utilisée pour extraire des connaissances à partir de données représentées sous forme de graphes. Dans cet article, nous nous intéressons à l'extraction d'un certain type de motifs à partir de graphes attribués (des attributs sont associés aux sommets de ces graphes), à savoir les *collection de k-cliques percolées* (CoHoP par la suite) (Mougel *et al.*, 2012). Notons que nous avons déjà utilisé ce type de motifs pour extraire des sous-parties cohérentes de textes représentés sous forme de graphes (Quiniou *et al.*, 2012). Dans cette section, nous présentons plus formellement les deux principales notions sur lesquelles s'appuie cette technique particulière de fouille de graphe : les k-PC et les CoHoP.

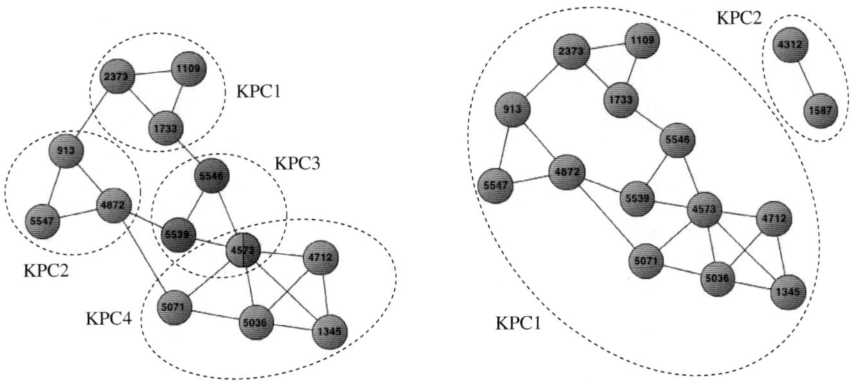

(a) $k = 3$ (b) $k = 2$

FIGURE 1 – Exemple de CoHoP extraite à partir des attributs $\{a_1, a_2\}$, pour deux valeurs de k

2.2.1 k-cliques percolées (k-PC)

Dans un graphe, une *k-clique* est un ensemble de k sommets dans lequel toutes les paires de sommets sont connectées deux à deux par une arête. La notion de *k-clique percolée* (k-PC) peut être vue comme une version relâchée du concept de clique. Une k-PC a été définie par (Derenyi *et al.*, 2005) comme étant l'union de toutes les k-cliques connectées par des chevauchements de $k - 1$ sommets. Ainsi, dans une k-PC, chaque sommet d'une k-PC peut être atteint par n'importe quel autre sommet de cette k-PC par un chemin de sous-ensembles de sommets bien connectés (les k-cliques).

Dans la figure 1a, il y a quatre k-PC ($k = 3$) : {1109, 1733, 2373}, {913, 4872, 5547}, {4573, 5539, 5546} et {1345, 4573, 4712, 5036, 5077}. Les trois premières k-PC contiennent une seule 3-clique alors que la dernière k-PC contient cinq 3-cliques (*e.g.*, {1345, 4712, 5036} et {1345, 4712, 4573}). Revenons sur la création de cette dernière k-PC. Nous pouvons tout d'abord constater que les sommets 1345, 4573, 4712 et 5036 sont directement connectés les uns aux autres : ils appartiennent ainsi à la même k-PC. Le sommet 5071 appartient également à cette k-PC puisqu'il est accessible à partir de chacun des quatre sommets précédents, par une série de k-cliques se chevauchant (le paramètre k a un impact sur le nombre de sommets à considérer dans les k-cliques ; dans cet exemple, sa valeur est fixée à 3) : par exemple, pour aller du sommet 5071 au sommet 4712, un chemin de 3-cliques se chevauchant peut être {4712, 4573, 5036} suivi de {4573, 5036, 5071} (avec $k = 3$, les chevauchements de 3-cliques contiennent deux sommets). En revanche, le sommet 4872 n'appartient pas à cette k-PC. En effet, pour cela il faudrait qu'il y ait une 3-clique entre les sommets 4573, 5071 et 4872, ce qui n'est pas le cas.

2.2.2 Collections de k-PC homogènes (CoHoP)

Une *collection de k-PC homogènes* (CoHoP) a été définie par (Mougel *et al.*, 2012) comme étant un ensemble de sommets tels que, étant donnés k, α et γ des entiers positifs définis par des utilisateurs :
- tous les sommets sont *homogènes*, c'est-à-dire qu'ils partagent au moins α attributs ;
- la CoHoP contient au moins γ k-PC ;
- toutes les k-PC ayant les mêmes attributs sont présentes dans la CoHoP (contrainte de *maximalité*).

La figure 1a représente ainsi une CoHoP extraite à partir de l'ensemble d'attributs $\{a_1, a_2\}$; comme vu dans la section 2.2.1, elle contient quatre k-PC ($\alpha = 2, k = 3, \gamma = 4$). Il est à noter que, contrairement au calcul des k-PC, l'extraction des CoHoP dépend fortement de l'ensemble d'attributs associés aux sommets du graphe. Sur la figure 1a, les ensembles d'attributs des sommets ne sont pas illustrés (pour ne pas surcharger la figure) mais chaque sommet est en fait étiqueté par un ensemble d'attributs qui contient au moins les attributs a_1 et a_2. En effet, cette CoHoP a été extraite à partir de ces deux attributs.

Les trois paramètres - k, α et γ - ont un impact important sur la structure des CoHoP extraites. Comme précisé précédemment, le paramètre α fixe le nombre minimal d'attributs communs aux sommets des CoHoP extraites et le paramètre γ fixe le nombre minimal de k-PC présentes dans les CoHoP. Le paramètre k a également un impact important sur la structure des CoHoP extraites. En effet, augmenter sa valeur a pour conséquence d'augmenter le degré de cohésion entre les sommets appartenant à une même k-PC. La figure 1b représente la CoHoP extraite à partir du même ensemble d'attributs

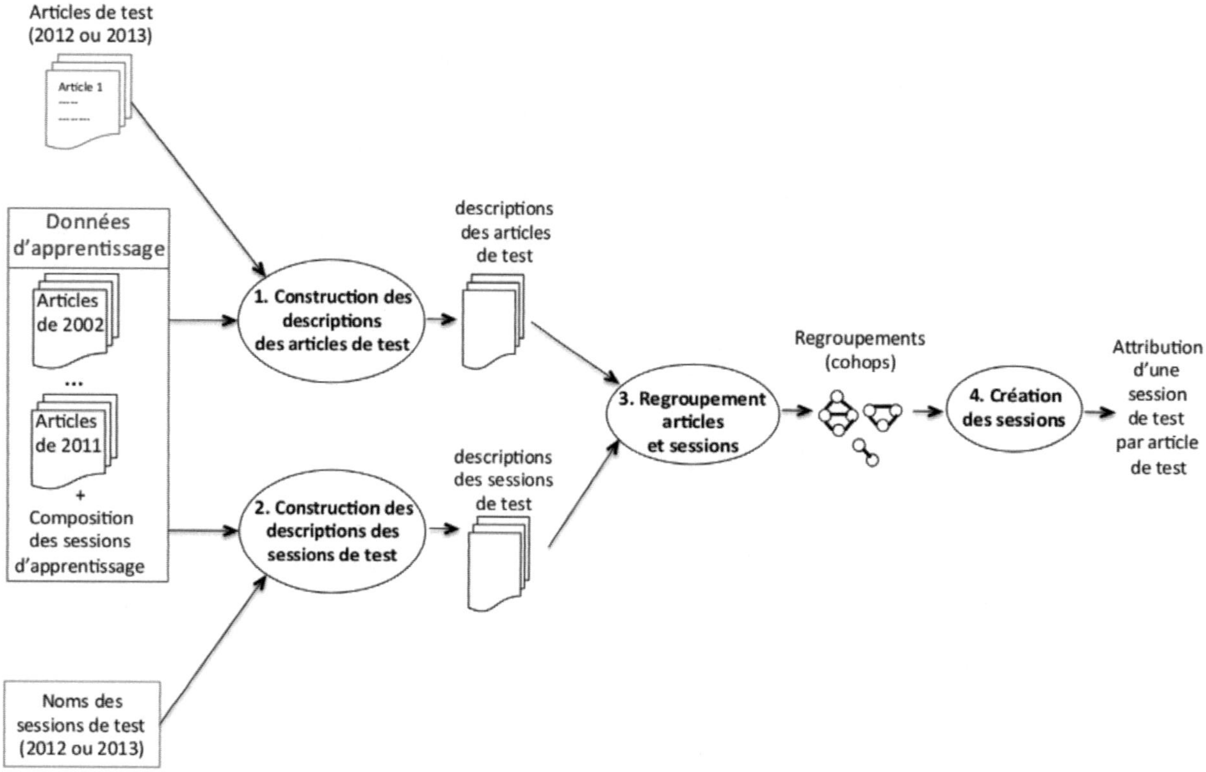

FIGURE 2 – Processus global pour associer des noms de sessions à des articles scientifiques d'une même année.

que celle illustrée par la figure 1a mais en fixant cette fois $k = 2$. Cette CoHoP comporte maintenant 15 sommets répartis en seulement deux k-PC, la plus grosse k-PC (KPC_1) correspondant en fait aux quatre k-PC de la figure 1a. Ainsi, le choix de la valeur de k permet de choisir le degré de cohésion souhaité entre les sommets de chaque k-PC. En effet, un plus grand nombre de sommets doit être directement relié les uns aux autres lorsque la valeur de k augmente (la valeur de k représente ce nombre minimal de sommets).

3 Chaîne de traitement mise en place

La tâche consiste à déterminer la session scientifique dans laquelle un article de conférence a été présenté. Les articles à catégoriser, que nous appelons articles de test, proviennent des éditions 2012 et 2013 de la conférence TALN. Les noms de sessions, que nous appelons sessions de test, ainsi que le nombre d'articles de test qu'elles contiennent sont fournis. De plus, nous disposons de données d'apprentissage, à savoir des articles et leur sessions associées lors d'éditions passées de la conférence (2002, 2005, 2007, 2008, 2009, 2010 et 2011).

La figure 2 décrit la chaîne de traitement mise en place pour réaliser la tâche. Cette chaîne se découpe en 4 grandes étapes détaillées dans cette section :

1. la construction des descriptions des articles ;
2. la construction des descriptions des sessions ;
3. le regroupements des articles et des sessions dans des clusters appelés CoHoP ;
4. l'association d'un nom de session à chaque article de test.

Notons que les articles sont traités par année. Ainsi l'affectation des sessions aux articles de 2012 se fait séparément de l'affectation des sessions aux articles de 2013.

3.1 Construction de la description d'un article

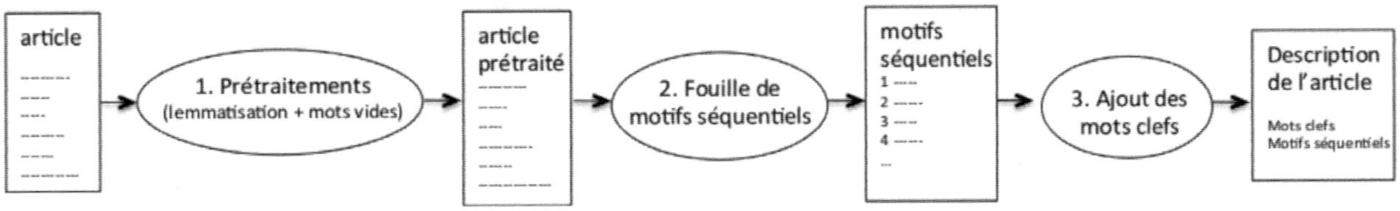

FIGURE 3 – Traitement pour associer une description à un article.

Pour chaque article on crée une description comme défini à la figure 3. Cette description, qui représente donc un article, comporte la liste des mots clefs associés à l'article ainsi que les motifs séquentiels fréquents extraits à partir de l'article. Nous détaillons ci-dessous les 3 traitements qui permettent d'obtenir cette représentation.

3.1.1 Prétraitements des articles

L'étape de prétraitement consiste, dans un premier temps, à normaliser chaque article. Les fichiers de type *txt* fournis par les organisateurs étant issus de l'océrisation de fichiers au format pdf, il subsiste des césures de mots et des fins de ligne ne correspondant pas à de réelles fins de paragraphe. Ces différentes marques sont supprimées afin de reformer les paragraphes originaux. En outre, il n'est retenu de l'article que la partie précédant les références bibliographiques (identifiées par une ligne débutant par un nombre, optionnel, suivi du mot *références*, ou *references*, ou *bibliographie*).

Après ce premier prétraitement, l'outil *TreeTagger* (Schmid, 1995) est utilisé pour segmenter les mots de l'article et les remplacer par leur lemme.

Les « mots vides » sont ensuite éliminés en utilisant la liste de Jean Véronis [2]. L'objectif étant de ne conserver que des mots spécifiques à l'article, nous avons ajouté à cette liste un ensemble de mots a priori non caractéristiques comme *réaliser, résultat, référence, tableau, etc.*

Le dernier prétraitement consiste essentiellement à découper l'article en un ensemble de séquences qui seront ensuite « fouillées ». Pour ce faire, la segmentation est réalisée selon tout type de ponctuation (point, point virgule, point d'interrogation, etc., mais aussi les ponctuations faibles : virgule, parenthèse, guillemet, accolade, etc.). Une séquence représente ainsi une partie de la phrase, qui peut être un constituant, un virgulo ou encore un terme complexe. Afin d'homogénéiser l'ensemble des articles pour la fouille, il est nécessaire d'obtenir une même représentation pour un mot donné. Le problème se pose par exemple pour les mots composés qu'on trouve parfois avec un trait d'union et parfois sans. Un autre problème concerne les erreurs de lemmatisation, et les ambiguïtés issus de *TreeTagger* (*foi|fois* est le lemme produit pour le mot fois). Pour ce faire, les traits d'union, les apostrophes et les symboles '|' sont remplacés par un espace. Enfin, les caractères spéciaux (par exemple, *æ, œ* peuvent être codés avec un ou deux caractères) sont homogénéisés et les mots comportant plus de la moitié de caractères qui ne sont pas des lettres sont éliminés (cas typique des identifiants).

3.1.2 Fouille de motifs séquentiels

Pour effectuer la fouille de motifs sur chaque article prétraité, nous utilisons DMT4sp (Nanni & Rigotti, 2007) développé par Christophe Rigotti. Cet outil nous permet de définir plusieurs contraintes sur les motifs séquentiels extraits : leur longueur, leur fréquence (en fixant le seuil $minsup$) et la contrainte gap (en choisissant les valeurs $[M, N]$). Nous avons fixé la longueur des motifs à 2 mots minimum et 5 mots maximum. Nous avons choisi une valeur de 2 pour le minsup (c'est-à-dire que le motif doit apparaître dans au moins 2 phrases pour êre considéré comme fréquent), choix empirique mais justifié par la petite taille de chaque article. En ce qui concerne la contrainte de gap, nous avons fixé la valeur à $[0, 0]$ (c'est-à-dire des mots contigus), l'idée étant que les motifs intéressants pour la tâche du défi sont des termes complexes (*e. g. analyse syntaxique, apprentissage supervisé*). Ainsi, le nombre moyen de motifs extraits avec ces contraintes à partir du corpus de test (articles TALN de l'année 2012 et 2013) varie entre 172 pour le plus petit ensemble de motifs à 504 pour le plus grand, la moyenne se situant à 281 motifs par article. Pour l'année 2013, les nombres sont similaires : 243 motifs sont extraits en moyenne, le plus petit ensemble comportant 109 motifs et le plus grand 486 motifs.

2. http ://torvald.aksis.uib.no/corpora/1999-1/0042.html

3.1.3 Ajout des mots-clefs

La description d'un article se compose de ces motifs, auxquels sont ajoutés les mots-clefs de l'article, ainsi que le nom de la session. Mots-clefs et noms de session sont prétraités de la même manière qu'un article (voir section 3.1).

3.2 Construction de la description d'une session

L'objectif de cette étape est d'obtenir pour chacune des sessions de test une description qui sera ensuite utilisée pour calculer les regroupements des sessions avec les articles. La description d'une session est un ensemble de mots ou d'expressions qui sont des synonymes ou des mots/expressions souvent associés au nom de la session. Le processus qui associe une description à une session de test est un processus en deux étapes détaillées dans cette partie.

3.2.1 Construction des descriptions des sessions d'apprentissage

Avant d'associer une description à une session **de test**, nous commençons par associer à chaque nom de session du corpus **d'apprentissage** une description qui est composée : des mots-clefs des articles qui ont été présentés dans cette session et du nom de la session lui-même. Cette étape est décrite à la figure 4. Dans un souci d'homogénéité les mots-clefs ainsi que les noms de session sont prétraités comme décrit à la section 3.1 (cf Prétraitements (lemmatisation + mots vides)). Une fois ce prétraitement fait, la description de chaque session est créée en prenant les mots-clefs prétraités des articles de la session (cf Regroupement des mots-clefs par session). La table 2 montre deux exemples de descriptions de sessions d'apprentissage : "alignement" et "recherche d'information". Notons que dans un souci de lisibilité, dans cet exemple ces deux descriptions sont données sans prétraitement.

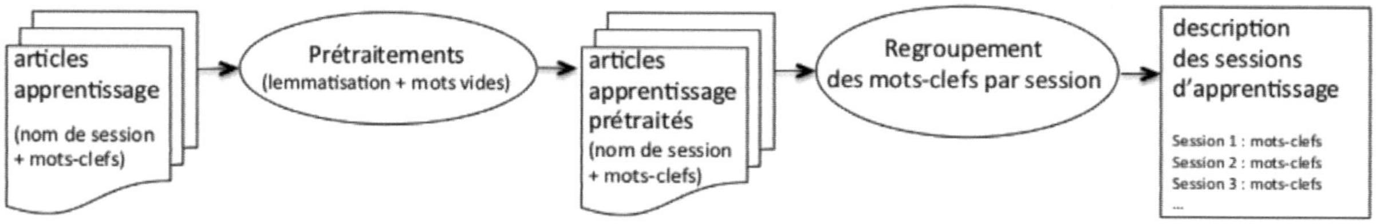

FIGURE 4 – Calcul des descriptions des sessions des données d'apprentissage.

3.2.2 Construction des descriptions des sessions de test

Une fois les descriptions des sessions d'apprentissage calculées, nous cherchons à construire une description pour chaque nom de session de test.

On initialise la description de chaque session de test avec la description de la session d'apprentissage correspondante si elle existe dans les données d'apprentissage.

On enrichit ensuite les descriptions des sessions de test en ajoutant les mots-clefs contenant les mots dits "significatifs" des noms de session. Ces mots-clefs sont issus des descriptions des sessions d'apprentissage. La liste des mots "significatifs" des noms de session a été produite à la main et est donnée à la table 3. On notera que la plupart des mots dits "significatifs" sont le nom de la session lui-même. Toutefois, cette étape est indispensable pour certains noms de session comme "banques d'arbres" qui n'apparait dans aucun texte sous la forme française mais uniquement sous la forme anglaise "treebank".

Notons que dans le cas d'un nom de session regroupant deux sessions, par exemple "traduction|alignement" ou encore "morphologie|segmentation", une description est calculée pour chacune des sessions puis l'union des descriptions est associée à la session composée. Ainsi, dans le cas de la session portant le nom "traduction|alignement", on obtient : $description("traduction|alignement") = description("traduction") \cup description("alignement")$.

Nom de la session d'apprentissage	Description
alignement	alignement de phrases, corpus parallèle, recherche cross-lingue d'information, alignement, traduction de collocations, extraction de collocations, parsing, alignement de textes, alignement au niveau des mots, concordancier bilingue, traduction automatique, traduction probabiliste, corpus bilingue, alignement de documents, table de traduction, traduction automatique statistique, contexte source, dépendances syntaxiques, corpus comparable, extraction de lexiques bilingues, points d'ancrage, unités lexicales complexes, désambiguïsation lexicale, world wide web, terminologie, multilinguisme, paraphrase sous-phrastique, corpus parallèle monolingue, hybridation, traduction statistique, modèles de traduction à base de segments, modèles d'alignement mot-à-mot, alignement sous-phrastique, traduction automatique par fragments
recherche d'information	recherche d'information, système de question-réponse, focus, patron d'extraction, grammaire formelle, grammaire catégorielle, description d'arbres, traduction automatique français-anglais, base d'exemples, partage de révision, représentation interlingue, coédition de texte et de graphe unl, communication multilingue, indexation sémantique recherche documentaire, redondance minimale, ontologie, système de questions-réponses évaluation des systèmes de questions-réponses, extraction de réponse, recherche sur le web qristal, systèmes de questions-réponses, repérage d'énoncés définitoires, médecine, patrons lexico-syntaxiques
...	...

TABLE 2 – Table d'association : nom de session et "mots significatifs".

3.3 Regroupement des articles et des sessions

Pour créer des regroupements d'articles et de sessions, nous utiliserons la fouille de CoHoP, telle que présentée dans la section 2.2. Pour cela, il est tout d'abord nécessaire de construire un graphe regroupant les articles et les sessions pour pouvoir ensuite en extraire les CoHoP à partir desquelles les sessions seront créées (voir section suivante). Nous présentons ces deux étapes dans la suite des paragraphes.

3.3.1 Construction du graphe regroupant articles et sessions

Le graphe regroupant les articles et les sessions est un graphe non orienté, dans lequel chaque sommet représente un article ou une session et dans lequel une arête est créée entre 2 sommets s'ils partagent au moins deux attributs communs (les attributs des sommets du graphe correspondent, pour les articles : aux motifs et aux mots-clefs de leur description et, pour les sessions : aux mots-clefs de leur description). Nous avons choisi empiriquement ce nombre minimal d'au moins deux attributs communs, en testant les valeurs suivantes sur le corpus d'apprentissage : « au moins un attribut commun », « au moins deux attributs communs » et « au moins trois attributs communs ». La valeur choisie (« au moins 2 attributs communs ») apparaît comme le meilleur compromis entre avoir suffisamment d'arêtes entre les sommets pour extraire des CoHoP intéressante et ne pas créer trop d'arêtes pour limiter le nombre total de CoHoP. De plus, la construction d'une arête entre 2 sommets est autorisée seulement si ces sommets correspondent soit à deux articles, soit à un article et à une session (on interdit la construction d'arêtes entre deux sessions).

On obtient ainsi, pour l'année 2012, un graphe de 29 sommets (22 articles et 7 sessions) et 5 814 arêtes et, pour l'année 2013, un graphe de 41 sommets (32 articles et 9 sessions) et 7 473 arêtes.

3.3.2 Extraction des CoHoP

Pour l'extraction des CoHoP sur le graphe construit précédemment, nous avons utilisé *CoHoP Miner* (Mougel *et al.*, 2012). Comme vu dans la section 2.2, trois paramètres sont alors à fixer : k, α et γ.

Le paramètre k représente l'ordre des k-cliques qui vont former les k-PC. Ce paramètre contraint le degré de cohésion souhaité à l'intérieur de chaque CoHoP mais également le nombre minimal de sommets appartenant à une CoHoP. Nous souhaitons pouvoir extraire aussi bien des grandes cohop que des petites CoHoP contenant un seul nom d'article et un

Nom de la session de test	Mots significatifs associés	Nombre de mots/expressions dans la description
alignement	alignement	37
analyse	analyse	40
apprentissage	apprentissage	26
banques d'arbres	banques d'arbres, treebank, arbre	8
connaissances I discours	connaissances, discours	32
entités nommées	entités nommées	16
exploitation de corpus	exploitation de corpus, corpus	18
extraction d'information I extraction de relations	extraction de relations, relation, extraction d'information	40
fouille de textes I applications	fouille de textes, applications	30
lexique	lexique	49
lexique I corpus	lexique, corpus	77
morphologie I segmentation	morphologie, segmentation	91
réécriture	réécriture	2
sémantique	sémantique	101
syntaxe	syntaxe	93
traduction I alignement	traduction, alignement	82

TABLE 3 – Nom des sessions de test, "mots significatifs" associés et taille de la description.

seul nom de session : c'est pourquoi nous avons choisi $k = 2$.

Le paramètre α représente le nombre minimal d'attributs communs à tous les sommets de chaque CoHoP. Pour pouvoir extraire des CoHoP à partir d'un seul attribut, nous avons choisi $\alpha = 1$. Cela permet, par exemple, d'extraire des CoHoP correspondant à un nom de session telle que *traduction*.

Le paramètre γ représente le nombre minimal de k-PC composant chaque CoHoP. Afin de pouvoir extraire des CoHoP composées d'une seule k-PC, nous avons choisi $\gamma = 1$.

Nous extrayons ainsi 129 CoHoP, pour l'année 2012, et 283 CoHoP, pour l'année 2013.

3.4 Création des sessions

La création des sessions constitue la dernière étape de notre chaîne de traitement. Dans notre approche, il s'agit en fait d'attribuer un nom de session à chacun des articles de l'année considérée. Nous ne cherchons pas à répartir les articles dans les sessions, ce qui a pour conséquences qu'un article peut n'être associé à aucun nom de session et qu'une session peut ne contenir aucun article.

L'attribution des noms de sessions aux articles est réalisée à partir des CoHoP précédemment extraites. L'ensemble des CoHoP peut être décomposé en trois sous-ensembles disjoints :

— les CoHoP ne contenant que des noms d'articles (ensemble noté $\mathcal{C}_A$) ;
— les CoHoP contenant un seul nom de session et un ou plusieurs noms d'articles (ensemble noté $\mathcal{C}_{A+1S}$) ;
— les CoHoP contenant au moins deux noms de sessions et un ou plusieurs noms d'articles (ensemble noté $\mathcal{C}_{A+S}$).

Nous avons proposé 3 stratégies pour attribuer des noms de sessions aux articles (chaque stratégie correspond à un *run* soumis) ; elles se distinguent par les sous-ensembles de CoHoP sur lesquels elles s'appuient.

3.4.1 Stratégie 1 : session la plus représentée dans $\mathcal{C}_{A+1S}$

La première approche consiste à ne considérer que les CoHoP contenant un seul nom de session et un ou plusieurs noms d'articles, c'est-à-dire l'ensemble $\mathcal{C}_{A+1S}$. Pour chaque article de test, a, on choisit comme session celle qui apparaît dans le plus grand nombre de CoHoP de $\mathcal{C}_{A+1S}$:

$$session(a) = arg \max_{s \in S} N_{\mathcal{C}_{A+1S}}(c_{a,s}),$$

avec S l'ensemble des sessions de l'année considérée et $N_{C(c_{a,s})}$ le nombre de CoHoP de l'ensemble C qui contiennent l'article a et la session s.

Une première remarque concernant cette stratégie est qu'elle n'est pas complète. En effet, si un article n'apparaît dans aucune CoHoP de $\mathcal{C}_{A+1S}$ alors aucune session ne lui est attribuée. Une seconde remarque concerne le cas où, pour un article donné, plusieurs sessions apparaissent avec celui-ci dans le même nombre de CoHoP de $\mathcal{C}_{A+1S}$. Dans ce cas, la première session trouvée sera affectée à l'article.

3.4.2 Stratégie 2 : session la plus représentée dans $\mathcal{C}_{A+1S} \cup \mathcal{C}_{A+S}$

La seconde approche consiste à considérer, en plus des CoHoP contenant un seul nom de session et un ou plusieurs noms d'articles ($\mathcal{C}_{A+1S}$), les CoHoP contenant au moins deux noms de sessions et un ou plusieurs noms d'articles ($\mathcal{C}_{A+S}$). Pour chaque article de test, a, on choisit alors de lui affecter la session s qui apparaît dans le plus de CoHoP de l'ensemble $\mathcal{C}_{A+1S} \cup \mathcal{C}_{A+S}$:

$$session(a) = arg \max_{s \in S} N_{\mathcal{C}_{A+1S} \cup \mathcal{C}_{A+S}}(c_{a,s}).$$

Les deux remarques faites pour la stratégie 1 s'appliquent également pour la stratégie 2.

3.4.3 Stratégie 3 : session la plus représentée et prise en compte du nombre d'articles par session

Dans cette troisième approche, nous prenons en compte le nombre d'articles à retrouver dans chaque session pour interdire l'attribution d'une session à un article si cette session a déjà été attribuée au nombre d'articles recherché. L'attribution des sessions aux articles ne se fait donc plus de manière indépendante ; l'ordre dans lequel les articles sont considérés devient important. Pour ce faire, nous procédons de manière itérative, en 3 étapes, en considérant un sous-ensemble différent de CoHoP lors de chaque étape :

1. on attribue des noms de sessions aux articles, à partir de $\mathcal{C}_{A+1S}$;
2. on attribue des noms de sessions aux articles sans nom de session, à partir de $\mathcal{C}_{A+S}$;
3. on attribue des noms de sessions aux articles sans nom de session, à partir de $\mathcal{C}_{A}$.

Lors de la première étape, on commence par trier les articles selon le nombre décroissant de CoHoP de $\mathcal{C}_{A+1S}$ dans lesquelles ils apparaissent. Pour chaque article de test, a, pris dans l'ordre établi par le tri, on attribue à l'article la première session s qui n'est pas déjà remplie, s'il en existe une, en ayant au préalable trié les sessions selon le nombre décroissant de CoHoP de $\mathcal{C}_{A+1S}$ dans lesquelles elles apparaissent avec l'article :

$$session(a) = arg \max_{s \in S, |s| < nbArt(s)} N_{\mathcal{C}_{A+1S}}(c_{a,s}),$$

avec $nbArt(s)$ le nombre d'articles à retrouver pour la session s.

Pour la seconde étape, on procède comme pour la première étape mais en prenant cette fois en compte les CoHoP de $\mathcal{C}_{A+S}$. On cherche ainsi à attribuer un nom de session, s, aux articles de test, a, qui n'en ont pas encore, en considérant des CoHoP moins précises puisqu'elles contiennent plusieurs noms de sessions :

$$session(a) = arg \max_{s \in S, |s| < nbArt(s)} N_{\mathcal{C}_{A+S}}(c_{a,s}).$$

À l'issue des deux première étapes, les articles sans session le sont soit parce que les sessions avec lesquelles ils apparaissent dans des CoHoP de $\mathcal{C}_{A+1S} \cup \mathcal{C}_{A+S}$ sont déjà remplies, soit parce qu'ils n'apparaissent dans aucune CoHoP de $\mathcal{C}_{A+1S} \cup \mathcal{C}_{A+S}$. Lors de la troisième étape, on cherche alors à associer une session à ces articles, en utilisant les CoHoP de $\mathcal{C}_A$ qui ne contiennent que des noms d'articles. L'idée est de trouver, parmi les noms de sessions restantes, la session s qui est associée au plus grand nombre d'articles apparaissant avec l'article de a considéré, dans des CoHoP de $\mathcal{C}_A$:

$$session(a) = arg \max_{s \in S, |s| < nbArt(s), session(a') = s} N_{\mathcal{C}_A}(c_{a,a'}).$$

Les deux remarques faites pour les stratégies 1 et 2 s'appliquent également pour la stratégie 3.

4 Résultats des expérimentations et discussion

Pour la tâche 4 à laquelle nous avons participée, 5 équipes ont participé, chacune ayant soumis jusqu'à 3 essais. Au total cela représente 13 soumissions. Les scores pour la meilleure soumission de chaque équipe varient de 0,2778 à 1,000 (mesure : précision à 1) et les moyennes sont les suivantes : Moyenne=0,5926 ; Médiane=0,4815 et Ecart-type=0,2860.

La figure 5 (a) montre les résultats obtenus avec la stratégie 1 (session la plus représentée dans $\mathcal{C}_{A+1S}$). La figure 5 (b) montre les résultats obtenus avec la stratégie 2 (session la plus représentée dans $\mathcal{C}_{A+1S} \cup \mathcal{C}_{A+S}$). Enfin la figure 6 montre les résultats obtenus avec la stratégie 3 (prise en compte du nombre d'articles par session). On constate que les trois stratégies donnent des résultats approchant la médiane donnée par les organisateurs. La stratégie 3 est légèrement meilleure.

Les résultats semblent dépendre de la qualité de la description associée à une session. En effet, prenons la session "réécriture" qui n'était pas présente dans les données d'apprentissage et qui a une description très pauvre avec seulement 2 descripteurs : réécriture et réécriture graphe (cf table 3). Cette session obtient le score 0 quelle que soit la stratégie utilisée. Une piste pour améliorer les résultats obtenus est ainsi de travailler sur un enrichissement des descriptions des sessions permettant un meilleur regroupement avec les articles.

Une autre remarque concerne le nombre d'articles pour lesquels nos approches n'ont pas désigné de session. Avec la stratégie 1, 7 articles n'ont pas de session associée (5 en 2012 et 2 en 2013). Avec la stratégie 2, 9 articles n'ont pas de session associée (5 en 2012 et 4 en 2013). Avec la stratégie 3, 7 articles n'ont pas de session associée (3 en 2012 et 4 en 2013). Les stratégies définies lors de la tâche ne cherchent pas à optimiser la distribution des articles dans les sessions (le nombre d'articles par session étant connu). Une stratégie cherchant à optimiser cette distribution est une autre piste d'amélioration de l'approche proposée.

Micro-precision : 0.425925925925926
Micro-precision for year 2013 : 0.4375
Precision for connaissances|discours : 0
Precision for entités nommées : 0
Precision for syntaxe : 1
Precision for sémantique : 0.5
Precision for traduction|alignement : 0.857142857142857
Precision for fouille de textes|applications : 0.333333333333333
Precision for morphologie|segmentation : 0.5
Precision for apprentissage : 0
Precision for lexique|corpus : 0.166666666666667
Macro-precision (sessions for 2013) : 0.373015873015873
Micro-precision for year 2012 : 0.409090909090909
Precision for alignement : 0.666666666666667
Precision for réécriture : 0
Precision for exploitation de corpus : 0
Precision for banques d'arbres : 0.5
Precision for extraction d'information|extr. de relations : 0.666..67
Precision for analyse : 0.666666666666667
Precision for lexique : 0.333333333333333
Macro-precision (sessions for 2012) : 0.404761904761905
Macro-precision (year) : 0.423295454545455
Macro-precision (session) : 0.386904761904762

(a) Stratégie 1

Micro-precision : 0.425925925925926
Micro-precision for year 2013 : 0.4375
Precision for connaissances|discours : 0
Precision for entités nommées : 0
Precision for syntaxe : 1
Precision for sémantique : 0.5
Precision for traduction|alignement : 0.857142857142857
Precision for fouille de textes|applications : 0
Precision for morphologie|segmentation : 0.75
Precision for apprentissage : 0
Precision for lexique|corpus : 0.166666666666667
Macro-precision (sessions for 2013) : 0.363756613756614
Micro-precision for year 2012 : 0.409090909090909
Precision for alignement : 0.666666666666667
Precision for réécriture : 0
Precision for exploitation de corpus : 0
Precision for banques d'arbres : 0.5
Precision for extraction d'information|extr. de relations : 0.666..67
Precision for analyse : 0.666666666666667
Precision for lexique : 0.333333333333333
Macro-precision (sessions for 2012) : 0.404761904761905
Macro-precision (year) : 0.423295454545455
Macro-precision (session) : 0.381696428571429

(b) Stratégie 2

FIGURE 5 – Résultats des deux premières stratégies utilisées.

Références

AGRAWAL R. & SRIKANT R. (1995). Mining sequential patterns. In *Int. Conf. on Data Engineering* : IEEE.

DERENYI I., PALLA G. & VICSEK T. (2005). Clique percolation in random networks. *Physical Review Letters*, **94**, 160–202.

DONG G. & PEI J. (2007). *Sequence Data Mining*. Springer.

GOMARIZ A., CAMPOS M., MARÍN R. & GOETHALS B. (2013). Clasp : An efficient algorithm for mining frequent closed sequences. In J. PEI, V. S. TSENG, L. CAO, H. MOTODA & G. XU, Eds., *Proc. of the Pacific-Asia Conf. on*

Micro-precision : 0.444444444444444
  Micro-precision for year 2013 : 0.375
    Precision for connaissances|discours : 0
    Precision for entités nommées : 0
    Precision for syntaxe : 0
    Precision for sémantique : 0.5
    Precision for traduction|alignement : 0.857142857142857
    Precision for fouille de textes|applications : 0.333333333333333
    Precision for morphologie|segmentation : 0.25
    Precision for apprentissage : 0.5
    Precision for lexique|corpus : 0.166666666666667
  Macro-precision (sessions for 2013) : 0.28968253968254
  Micro-precision for year 2012 : 0.545454545454545
    Precision for alignement : 0.666666666666667
    Precision for réécriture : 0
    Precision for exploitation de corpus : 0.333333333333333
    Precision for banques d'arbres : 0.75
    Precision for extraction d'informations|extraction de relations : 0.666666666666667
    Precision for analyse : 0.666666666666667
    Precision for lexique : 0.666666666666667
  Macro-precision (sessions for 2012) : 0.535714285714286
Macro-precision (year) : 0.460227272727273
Macro-precision (session) : 0.397321428571429

FIGURE 6 – Résultats de la stratégie 3.

Advances in Knowledge Discovery and Data Mining, volume 7818 of *Lecture Notes in Computer Science*, p. 50–61 : Springer.

MOUGEL P.-N., RIGOTTI C. & GANDRILLON O. (2012). Finding collections of k-clique percolated components in attributed graphs. In *Proc. of the Pacific-Asia Conference on Knowledge Discovery and Data Mining*, p. 181–192.

NANNI M. & RIGOTTI C. (2007). Extracting trees of quantitative serial episodes. In *Knowledge Discovery in Inductive Databases 5th Int. Workshop KDID'06, Revised Selected and Invited Papers*, p. 170–188 : Springer-Verlag LNCS 4747.

PEI J., HAN J., MORTAZAVI-ASL B., PINTO H., CHEN Q., DAYAL U. & HSU M. (2001). Prefixspan : Mining sequential patterns by prefix-projected growth. In *ICDE*, p. 215–224 : IEEE Computer Society.

QUINIOU S., CELLIER P., CHARNOIS T. & LEGALLOIS D. (2012). Fouille de graphes sous contraintes linguistiques pour l'exploration de grands textes. In *Actes de la Conférence sur le Traitement Automatique des Langues Naturelles*, p. 253–266, Grenoble, France.

SCHMID H. (1995). Improvements in part-of-speech tagging with an application to german. In *Proc of the ACL SIGDAT-Workshop*.

SRIKANT R. & AGRAWAL R. (1996). Mining sequential patterns : Generalizations and performance improvements. In P. M. G. APERS, M. BOUZEGHOUB & G. GARDARIN, Eds., *EDBT*, volume 1057 of *LNCS*, p. 3–17 : Springer.

WASHIO T. & MOTODA H. (2003). State of the art of graph-based data mining. *SIGKDD Explorations*, **5**(1), 59–68.

YAN X., HAN J. & AFSHAR R. (2003). Clospan : Mining closed sequential patterns in large databases. In D. BARBARÁ & C. KAMATH, Eds., *SDM* : SIAM.

ZAKI M. J. (2001). SPADE : An efficient algorithm for mining frequent sequences. *Machine Learning Journal*, **42**(1/2), 31–60. special issue on Unsupervised Learning.

Introductory experiments with evolutionary optimization of reflective semantic vector spaces

Daniel Devatman Hromada[1, 2]
(1) ChART, Université Paris 8, 2, rue de la Liberté 93526, St Denis Cedex 02, France
(2) URK, FEI STU, Ilkovičova 3, 812 19 Bratislava, Slovakia
hromi@giver.eu

Résumé. Task 4 of DEFT2014 was considered to be an instance of a classification problem with opened number of classes. We aimed to solve it by means of geometric mesurements within reflective vector spaces – every class is attributed a point C in the vector space, N document-denoting nearest neighbors of C are subsequently considered to belong to class denoted by C. Novelty of our method consists in way how we optimize the very construction of the semantic space: during the training, evolutionary algorithm looks for such combination of features which yields the vector space most « fit » for the classification. Slightly modified precision evaluation script and training corpus gold standard, both furnished by DEFT organiers, yielded a fitness function. Only word unigrams and bigrams extracted only from titles, author names, keywords and abstracts were taken into account as features triggering the reflective vector space construction processses. It is discutable whether evolutionary optimization of reflective vector spaces can be of certain interest since it had performed the partitioning of DEFT2014 testing corpus articles into 7 and 9 classes with micro-precision of 25%, respectively 31.8%.

Keywords: reflective semantic indexing, evolutionary optimization, opened class classification

1 Introduction

We understood the Task 4 of 2014 edition of the datamining competition Defi en Fouille Textuelle (DEFT) as an instance of multiclass classification problem. More concretely, the challenge was to create an artificial system which would be able attribute a specific member of the set of all class labels to scientific articles of the testing corpus. The training corpus of 208 scientific articles presented in diverse sessions of diverse editions of an annual TALN/RECITAL conference was furnished to facilitate the training of the model.

The tricky aspect of the challenge was, that one could be potentially asked, in the testing phase, to attribute to an object, which was not present during training phase, a label which was also not present in the turing phase.

For this reason, we had considered Task 4 to be an instance of an open-class variant of classification problem, i.e. a multiclass classification problem when one does not know in advance neither the number nor even the nature of categories which are to be constructed. We had decided to try to solve the problem of open-classification problem by a following approach, based principially on mutually intertwined notions of « object » and « feature » :

1. During the (train|learn)ing phase, use the training corpus to create a D-dimensional semantic vector space, i.e. attribute the vectors of length D to all members of the set of entities (word fragments, words, documents, phrases, patterns) E which includes all observables within the training corpus

2. During the testing phase:

2.1 characterize the object (text) O by a vector $\vec{o}$ calculated as a linear combination of vectors of features which are observable in O and whose vectors were learned during the training phase

2.2 characterize labels-to-be-attributed L1, L2, ... by vectors $\vec{l}_1, \vec{l}_2$

2.3 associate the object O with the closest label. In case we use cosine metric, we minimize angle between document vector and label vectors i.e. $argmax \cos(\vec{o}, \vec{l}_x)$

2 Evolutionary optimization of reflective vector spaces

Our learning algorithm consists of two nested components. The inner component is responsable for construction of the vector space. Its input is a genotype, the list of D features which trigger the whole reflective process, its output -a phenotype - is a D-dimensional vector space consisting of vectors for all features, objects (documents) and classes. The inner component is « reflective » in a sense that it multi-iteratively not only characterizes objects in terms of their associated features, but also features in terms of associated objects.

The envelopping outer component is a trivial evolutionary algorithm responsible whose task is to find the most « fit » combination of features to perform the classification task. In every « generation », it injects multiple genomes into the inner component and subsequently evaluates the fitness function of resulting vector spaces. It subsequently mutates, selects and crosses-over genotypes which had yielded the vector spaces wherein the classification was most precise.

2.1 Features

A feature is a concrete instance of an observable associated to a certain concrete object. In a text-mining scenarios, features are most often strings of characters. We had extracted two types of features : semantic and shallow.

2.1.1 Semantic features

Semantic features are tokens which, with very high probability, carry an important semantic information. Semantic features were extracted only from titles, author names, keywords and abstracts, since these pieces of content are considered to be semantically very dense. More concretely, all above mentioned elements were split into tokens with regular expression /[\W \n_]/, i.e. all non-word characters and newline played the role of token separators. Subsequently, every individual token which was not in PERL's Lingua::Stopwords[1] list was considered to be a separate feature. Also, in case of titles and keywords, couples of subsequent tokens were also considered as a feature. Note that fulltext versions of the articles were not considered as source of semantic features.

Pool of 5849 distinct semantic feature types, observable within at abstracts, titles, keywords or authornames of at least two distinct documents was extracted. Randomly chosen members of this pool have subsequently served as first genes triggering the construction of individual vector spaces.

2.1.2 Shallow features

Shallow, or surface features are features whose semantic information content is discutable, nonetheless they could potentially play the role of a useful classification clue. We have principially used the fulltexts of articles as a source of such features – all word 1-grams. 2-grams and 3-grams present in the fulltext were considered to be shallow features of class C, under the condition that they had occured only within two or more documents of the training corpus associated to class C.

During training, 2790 features were observed which occured in fulltexts of two (SF_{2+}) or more documents of the same class C and 160 features occured in fulltexts of three (SF_{3+}) or more documents of the same class C. If ever such features were observed in the document D of the testing corpus, the cosine between D and class C was increased with value of 0.02 to yield the final score.

[1] This list of stopwords was the only external resource used.

2.2 Reflective space indexing

We define as reflective a vector space containing both objects (documents) and their associated features fulfilling the circular condition that vectorial representations of objects (documents) are obtained by linear combinations of vectors of their features and vectors of features are obtained as as linear combinations of vectors of objects within which the feature occurs. Such a circularity - whereby objects are defined by features which are defined by objects which are … ad convergence - is considered as unproblematic and is, in fact, a wanted attribute of the space.

Thus, in a reflective model, both features and objects are members of the same D-dimensional vector space and can be represented as rows of the same matrix. Note that this is not the case in many existing vector space models whereby features (words) and objects (documents) are often represented either as elements of distinct matrices or, as columns, respectively rows of the same co-occurrence matrix.

A prominent model where such « entity comesurability » is assured is Reflective Random Indexing (Cohen et al., 2010) and had been the core component of the approach which had obtained particular performances in DEFT's 2012 edition (ElGhali et al., 2012).

The reflective space indexing (RSI) algorithm which we had deployed in this edition of DEFT is, in certain sense, a non-stochastic variant of RRI. It is non-stochastic in a sense that instead of randomly projecting huge amount of feature-concerning knowledge upon the space of restricted dimensionality, as RRI does, the algorithm rather departs from a restricted number of selected features which subsequently « trigger » the whole process of vector space construction.

RSI's principal parameter is the number of dimensions of the resulting space (D). Input of RSI is a vector of length D whose D elements denote D « triggering features », the initial conditions to which the algorithm is sensible in the initial iteration. After the algorithm has received such an input, it subsequently characterizes every object O (document) by a vector of values which represent the frequency of triggering feature in object O. Initially, every document is thus characterized as a sort of bag-of-triggering-features vector. Subsequently, vectors of all features – i.e. not only triggering ones – are calculated as a sum of vectors of documents within which they occur and a new iteration can start. In it, initial document vectors are discarded and new document vectors are obtained as a sum of vectors of features which are observable in the document. Whole process can be iterated multiple times until the system converges to stationary state, but it is often the second and third iteration which yields most interesting results. Note also that what applies for features and objects applies, *mutatis mutandi*, also for class labels.

For purposes of DEFT 2014, every individual RSI run consisted of 2 iterations and yielded 200-dimensional space.

2.3 Evolutionary optimization

The evolutionary component of the system hereby introduced is a sort of feature selection mechanism. The objective of the optimization is to find such a genotype – i.e. such a vector of triggering features – which would subsequently lead to discovery of a vector space whose topology would construction of a most classification-friendly vector space.

As is common in evolutionary computing domain, whole process is started by creation of a random population of individuals. Each individual is fully described by a genome composed of 200 genes. Initially, every gene is assigned a value randomly chosen from the pool of 5849 feature types observable in the training corpus. In DEFT2014's Task 4 there were thus 5849^{200} possible individual genotypes one could potentially generate and we consider it important to underline that classificatory performance of phenotypes, i.e. vector spaces generated by RSI from genotypes, can also substantially vary.

What's more, our observations indicate that by submitting the genotype to evolutionary pressures -i.e. by discarding the least « fit » genomes and promoting, varying and replicating the most fit ones - one also augments the classificatory performance of the resulting phenotypical vector space. In other terms, search for a vector space[2] which is optimal in regards to subsequent partitioning or clustering can be accelerated by means of evolutionary computation.

During the training, evaluation of fitness of every individual in every generation proceeded in a following manner :

- pass the genotype as an input to RSI (D=200, I=2)
- within the resulting vector space, calculate cosines between all document and class vectors
- in case of use of shallow features adjust score accordingly (c.f. 2.1.2)
- attribute N documents with highest score to every class label (N was furnished for both testing and training corpus)
- calculate the precision in regards to training corpus golden standard. Precision is considered to be equivalent to individual's fitness

Size of population was 50 individuals. In every generation, after the fitness of all individuals has been evaluated, 40% of new individuals were generated from the old ones by means of a one-point crossover operator whereby the probability of the individual to be chosen as a parent was proportional to individual's fitness (Sekaj, 2005). For the rest of the new population, it was generated from the old one by combination of fitness proportionate selection and mutation occuring with 0.01 probability. Mutation was implemented as a replacement of a value in a genome by another value, randomly chosen in the pool of 5849 feature types.

Advanced techniques like parallel evolutionary algorithms or parameter auto-adaptation were not used in this study.

3 Results

The vector space VS_1, which we had decided to use as a model for testing phase, was constructed by RSI triggered by the following genome:

ressource # premier # notions # 100 # agit # raisons # french # syntaxe # naturelles # conditionnels # fonctionnelle # adjoints # terminologie # permettre # paraphrases # filtrage # proposons # fois # perspectives # technique # expérience # wikipédia # 2 # arbres adjoints # selon # fonctionnalités # reste # sélection # filtrage # permettant # mesurer # lexiques # bleu # énoncés # couverture # intégrer # formel # transcriptions # décrit # absence # tant # notions # analyseur # delphine bernhard # montrent # aligner # faire # fournies # large # entité # simples # basées # faire # syntaxe # couples # distinguer # mesures # enfin # effet # amélioration # premiers # erreur # morphologique # 0 # formelle # bilingues # sélection # point # partie # consiste # paires # autre # enfin # étiquettes # valeur # surface # caractériser # vincent claveau # comment # élaboration # proposée # travail # bien # parallèles # bonnes # enrichissement # extraits # travail # adjoints # combiner # spécifiquement # nommées # basé # comparé # réflexion # nécessaire # ressource # résultat # lorsqu # montrent # segmenter # vise # avoir # statistiques # objet # mise # interface syntaxe # annotation # arabe # traduction automatique # lexiques bilingues # exemple # comparaison # autres # extraites # plusieurs # jeu # téche # traduction automatique # discursifs # nommées # phrase # fouille # constitué # événements # manque # formel # utilisateurs # initialement # présenté # semble # anglais # score # grande # cas # chaque # langue # interface # ci # mesurer # évaluons # originale # structures # générique # utilise # analyse syntaxique # arabe # travail # différents # franéaise # trés # wordnet # structure # enrichissement # noyau # donné # propriétés # énoncé # aléatoires # afin # exploite # développement # résoudre # générer # proposé # énoncé # elles # domaines # production # arbres # travail # régles # extraction information # textuels # morphologiques # fonctionnalités # modélisation # terme # syntaxe # compréhension # résultats # création # langage # représentation # étape # langues # représente # concluons # grandes # problématique # multi # absence # problématique # capable # telles # bonnes # abord # probléme # parole # représentation #

Run	Training	Testing
VS_1	0.87	0.2777
VS_1+SF_{2+}	0.99	0.2222
VS_1+SF_{3+}	0.98	0.2777

TABLE 1 : Average micro-precision of classification within VS_1 with/without use of shallow features

[2] A question may be posed : Why evolve the genotypic vector of triggering features and not directly the ultimate phenotypic vector space ? An answer could be : it is substantially less costly to optimize vectors than matrices. Nature does such « tricks » all the time.

4 Discussion

The algorithm hereby presented had attained the lowest result in Task 4 of DEFT2014 competition. When compared with other approaches - like that of ElGhali&ElGhali (this volume), that had attained an ideal 100% precision – it can be disregarded as strongly underperformant. It can be indeed true that the path of evolutionary optimization of reflective vector spaces is not a path to be taken by those linguists and engineers whose objective is to discover the best model for solving the minute task at hand, but only by those who strive for « something different ».

Failure notwithstanding, the approach briefly sketched in this article classified the data definitely better than a random process which indicates that it could be, at least potentially, useful. As other conceptors of novel approaches aiming two unite two disparate worlds – in our case the world of evolutionary computing with that of semantic vector spaces – we have been both confronted with huge amount of design choices and as such were prone to comitting implementation errors. In the case of our DEFT2014 tentative, we are aware of multiple mistakes: Primo, we had submitted as our DEFT2014 challenge contribution the test **data produced by a vector space trained in a scenario without any cross-validation**. It is evident that we have to pay the price for over-fitting. Secundo, we had stained two out of three runs with the « shallow features »; we should have rather focused on submitting runs based on other vector spaces. Discussion of other malchosen parameters and omissions – related to both reflective and evolutionary components of the algorithm - are beyond the scope of this article.

Also, it may still be the case that evolutionary optimization of vector spaces can be useful for solving the problems which are unsimilar DEFT2014's Task 4. In fact, we principially develop the model for the purpose of performance of computational modelization of both ontogeny and phylogeny of human linguistic competence. Our aim is principially to computationally simulate certain phenomena studied by developmental psycholinguistics or evolutionary psychology and to do it in a cognitively plausible (Hromada, 2014) way. The extent in which such models could be useful for solving somewhat cognitively implausible[3] text-mining tasks is a place for argument.

At last but not least, we consider that there is at least one contribution of our study which is not to be underestimated. That is: «a trivial observation» that by evolutionary selection of chromosome of features which initially « trigger » the reflective process one can, indeed, optimize the topology and hence the classification performance of the resulting vector space.

Acknowledgments

We would like to thank doc. Ivan Sekaj and technicians of Slovak University of Technology's FEI-URK department for initiation into Matlab clustering mysteries; to prof. Charles Tijus and Adil ElGhali for their moral support and to DEFT2014 organizers for a stimulating challenge.

References

COHEN T., SCHVANEVELDT R., WIDDOWS D. (2010). Reflective Random Indexing and indirect inference: A scalable method for discovery of implicit connections. *Journal of Biomedical Informatics*, *43*(2), 240-256.

ELGHALI A., HROMADA D., ELGHALI K. Enrichir et raisonner sur des espaces sémantiques pour l'attribution de mots-clése la communication. Actes de *JEP-TALN-RECITAL*, 77.

HROMADA D. D. (2014). Conditions for cognitive plausibility of computational models of category induction. Accepted for conference *15TH INTERNATIONAL CONFERENCE ON INFORMATION PROCESSING AND MANAGEMENT OF UNCERTAINTY IN KNOWLEDGE-BASED SYSTEMS.*

SEKAJ I. (2005). *Evolučné výpočty a ich využitie v praxi*. Bratislava : Iris.

[3] Only rarely is one, in real life, confronted with the task to classify X objects into N classes in a way that cardinality of classes-to-be-constructed is known in advance.

AUTHOR INDEX